体验阅读系列◆体验风景

通往太阳的路

◎总 主 编：张忠义
◎本书主编：向启新

花山文艺出版社

图书在版编目(CIP)数据

通往太阳的路:体验风景 / 向启新主编. – 石家庄:
花山文艺出版社,2005.4(2021.5 重印)

("读·品·悟"体验阅读系列 / 张忠义主编)

ISBN 978-7-80673-572-5

Ⅰ.①通... Ⅱ.①向... Ⅲ.①语文课—课外读
物 Ⅳ.①G634.303

中国版本图书馆 CIP 数据核字(2005)第 008116 号

丛 书 名:**体验阅读系列**

总 主 编:**张忠义**

书 名:**通往太阳的路(体验风景)**

主 编:**向启新**

策 划:张采鑫

责任编辑:卢水淹

特约编辑:李文生

责任校对:李 鸥

全案设计:北京九洲鼎图书有限公司

出版发行:花山文艺出版社(邮政编码:050061)
　　　　　(河北省石家庄市友谊北大街 330 号)

销售热线:0311-88643221

传 真:0311-88643234

印 刷:永清县晔盛亚胶印有限公司

经 销:新华书店

开 本:710×1000 1/16

印 张:9.5

字 数:170 千字

版 次:2005 年 4 月第 1 版
　　　　2021 年 5 月第 4 次印刷

书 号:ISBN 978-7-80673-572-5

定 价:35.00 元

目 录

雨 雪 关 情

郭 枫 ……………………………………… 撑一伞细雨(3)

李 薇 ……………………………………… 雨的抒情(4)

林 玲 ……………………………………… 依然是雨(6)

(台湾)余光中 ……………………………… 听听那冷雨(8)

郭嗣汾 ……………………………………… 小楼听雨(12)

琦 君 ……………………………………… 下雨天,真好(14)

黄庆云 ……………………………………… 看雪抒怀(18)

牛宪纲 ……………………………………… 踏雪寻春(19)

刘白羽 ……………………………………… 祁连雪(21)

梁实秋 ……………………………………… 雪(23)

胡燕青 ……………………………………… 你自风雨中来(25)

日 月 同 光

明道赛 ……………………………………… 阳光心情(29)

邓 皓 ……………………………………………… 独对夕阳美好(30)

戴定南 …………………………………………… 荒原上的太阳(32)

运 娜 …………………………………………… 伸懒腰的阳光(34)

金 哲 …………………………………………… 通往太阳的路(35)

耿林莽 …………………………………………… 月光幻想曲(36)

俞平伯 …………………………………………………… 眠月(38)

涂懋庸 …………………………………………………… 赏月(40)

张秀亚 ………………………………………………… 杏黄月(42)

郭嗣汾 …………………………………………………… 黎明(44)

未 凡 …………………………………………………… 海霞(46)

艾 雯 …………………………………………………… 夜语(47)

张丽钧 ………………………………………………… 抬头看云(49)

江 海 走 笔

冰 心 …………………………………… 说几句爱海的孩气的话(53)

王 蒙 …………………………………………………… 海的颜色(55)

斯 妤 …………………………………………………… 在海边(56)

杨 炼 …………………………………………………… 蓝色狂想曲(59)

李佩芝 ………………………………………… 黄河,你在说什么(61)

卞 卡 …………………………………………………… 壶口走笔(64)

采 诗 ………………………………………… 空荡荡的汉江(66)

苏 叶 …………………………………………………… 太阳湖(67)

鄂 华 ……………………………………………………… 天池(69)

龚书绵 ………………………………………… 君家原在西湖畔(70)

在山顶看风景

张腾蛟 …………………………………………………… 读山(75)

（台湾）张晓风 ………………………………………… 高处何处有(77)

殷 颖 ………………………………………………… 鸟鸣山更幽(78)

林新居 ……………………………………………… 满溪流水香(80)

冯秋子 ……………………………………………… 遥远的上青溪(81)

（台湾）杏林子 ……………………………………… 听听这小溪(83)

陈晓蔷 ……………………………………………………… 溪水(84)

许达然 ……………………………………………… 瀑布与石头(86)

饶阶巴桑 ……………………………………………………… 瀑布(87)

殷 颖 ……………………………………………………… 品泉(88)

张抗抗 ……………………………………………………… 沙之聚(89)

（台湾）林文月 ……………………………………………… 遥远(91)

肖复兴 ……………………………………………… 德天瀑布(93)

梧桐的启示

毕 璞 …………………………………………………… 巧见枫红(97)

谷世泰 ……………………………………………………… 读树(98)

（台湾）张香华 …………………………………… 木棉花开的路(101)

（台湾）白 辛 ……………………………………………… 落花(104)

苏雪林 …………………………………………………… 秃的梧桐(106)

艾 雯 …………………………………………… 昙花开的晚上(107)

（台湾）洛 夫 ……………………………………… 一朵午荷(110)

（台湾）陈之藩 …………………………………… 失根的兰花(113)

朱 湘 …………………………………………………… 采莲曲(115)

涂钟瑛 ……………………………………………………… 闲情(117)

陈慧瑛 …………………………………………………… 梅花魂(120)

不朽的风物

潘浩泉 ·························· 江南名镇掠影(127)

梵 杨 ·························· 巍巍雄关(129)

左 夫 ·························· 蓬莱歌吟(132)

宗 璞 ·························· 湖光塔影(134)

沈从文 ·························· 天安门前(137)

史中兴 ·························· 窑洞今昔(140)

忆明珠 ·························· 小院正清秋(142)

谢冰莹 ·························· 爱晚亭(144)

一

当风儿悄悄吹过，当雨点静静洒下，当薄雾轻轻浮动，当雪花悠悠飘落……我们是否应敞开心灵，凝神静听。

雨雪关情

　　轻细的雨花,像飘忽的雾,白茫茫的,轻吻着人脸,微微觉着痒;又轻轻濡湿着衣裳。雨伞仿佛是风帆,在雨色濛濛中载浮载沉;也像一只只大翅膀,东南西北,无边无垠,因风四处飘航。

　　沉默的雨,无声胜有声;逗人的雨,真叫人喜悦。可以不必穿雨衣,在户外踯躅漫步。雨似蜜似酒,滋润着心灵。

撑一伞细雨

◆郭 枫

雨,如丝。雨,如丝。纷纷在伞上,纷纷在伞上。

在伞上,雨哗笑着,雨低泣着,雨喃喃地数落着:那些岁月,这些岁月。

撑一伞细雨,踽凉在黄昏和黄昏的荒野里。

细雨很细,黄昏很黄,荒野啊很荒!踽踽凉凉的,焉得不踽踽凉凉?

不是寻春,不是悲秋。早已经明明白白地知道:春天,在噪音里枯萎!而,秋天,又在5月的胸膛上扎了深根。不为什么,不为什么,真的什么也不为!只是想靠着一把伞。撑着风,撑着雨,撑起一个寂寞的世界。

撑起一个寂寞的世界吧!要是能把一切都遗忘,遗忘得干干净净的,多好;懂得了悲哀而没有畅快的悲哀,尝过了欢乐而没有狂放的欢乐……要是能把一切都遗忘,遗忘得干干净净的,多好!

遗忘?啊!遗忘是一种艰难的工程。单是这风,这雨,这黄昏,就使人无可奈何。无可奈何这如丝的细雨,如雨的秋丝,无可奈何这如梦的细雨,如雨的旧梦。梦,要有多长就有多长,千丝万缕万缕千丝缠着一只蜷曲的蛹。何时能化为飞蛾破茧而出呢?飞向江北,飞向江南。江北很远,江南很近,摇晃在眼前的不是千条绿柳吗?萦绕在身际的不是百啭黄鹂吗?春水碧波,孤帆远影,不是隐隐在望吗?江南!江南!跳跃着的是江南,闪烁着的是江南,以柔柔的声调情人一般低唤着的是江南!江南啊!最美的是淡烟疏雨的黄昏。哎!这种雨不是那种雨,这种黄昏不是那种黄昏。

旋着伞,许多水滴便像珍珠似的迸落。落在野草里,无声也无息;落在水塘里,无踪也无影。既然美丽的必须无奈地抛落,那么,就不停地旋吧!把伞缘的水珠全部抛落吧!还有什么好珍惜的?在江南,在江北,在许多干涸的土地上,既然已经抛落了生命的春天,春天的生命撒落在亲爱的原野里,没有开花,没有结果,便无声无息无影无踪地消失!人,生命的水滴能有多少呢?一只失去了汁液的果子,还有什么可保留的呢?把这些水珠抛落,管它能不能化为七彩的长虹!抛落它们,抛落它们,让它们无声无息、无影无踪吧!

踽踽凉凉的,焉得不踽踽凉凉!以为靠一把伞,就能收获一季宁静,以为点一滴孤独,就能让整个记忆褪色。这是可笑的遐想,当细雨很细,当黄昏很黄,当荒野

3

啊很荒。

雨,如丝。雨,如丝。纷纷在伞上,纷纷在伞上。

在伞上,雨哗笑着,雨低泣着,雨喃喃地数落着:那些岁月,这些岁月。

无论从文章的立意、构思,还是从技法、语言看,本文都是一篇具有特色的诗体散文。它以抒情见长,涵容着波澜起伏的情绪节奏,表现了痛苦的意识和悲剧观念,因而使作品具有审美价值。

1. 作者感情的波澜起伏,构成了文章的美的旋律。从撑伞和旋伞两个动作来分析这种变化。

2. 本文的短语运用很有韵味,请举例说明。

雨 的 抒 情

◆李薇

细雨微风的夜,适宜读诗和散文;狂风暴雨的夜,则宜读恐怖神怪小说。要不然,便邀几位知己,泡几杯浓茶,买一包花生米,点上一支洋烛,又当另有一番情趣。

雨,好像是千万支魔指,好像是千万条琴弦,弹出了千变万化的声音。

春雨软柔,夏雨粗犷,秋雨苍凉,冬雨肃杀;因季节变化,情调各异。但是,雨色一样美丽,雨声一样动听。

在图画音乐和诗歌里,有许多描写雨的佳作。线条色彩和音节旋律,空灵剔透。

轻细的雨花,像飘忽的雾,白茫茫的,轻吻着人脸,微微觉着痒;又轻轻濡湿着衣裳。雨伞仿佛是风帆,在雨色**濛濛**中载浮载沉;也像一只只大翅膀,东南西北,无边无垠,因风四处飘航。

沉默的雨,无声胜有声;逗人的雨,真叫人喜悦。可以不必穿雨衣,在户外踯躅漫步,雨似蜜似酒,滋润着心灵。

——这梦幻似的雨,这奇异的雨,梦幻似的教人幻想。

记得杏花春雨的江南,雨点敲打着船篷,雨中也有梨花的幽香。记得西湖的夏雨,元气淋漓,满湖荷叶被打得笃笃地响。记得天目山的秋雨,重雾深锁,万木萧萧,撑天的松柏经雨洗濯,显得格外苍劲。记得富春江的冬雨,如泣如诉,两岸茅屋炊烟阴阴沉沉,像一幅染湿了的铅笔画。

细雨微风的夜,适宜读诗和散文。狂风暴雨的夜,则宜读恐怖神怪小说。要不然,便邀几位知己,泡几杯浓茶,买一包花生米,点上一支洋烛,又当另有一番情趣。风雨更宜怀人,怀人常不寐;一声风一声雨,都似离人低诉。

那年夏天,和友人在春秋阁小坐。那时候,菱角已经成熟,莲池潭上,乡人驾着小船,忙于采摘;天空的白云,和水面的白鸳相映成趣。阵雨骤来,如万马奔腾;半屏山忽然不见了,只有密密的雨,密密地替莲池潭挂上了珠帘。雨阵里,那些采菱角的船,依然从容地游移摇荡。船上的人连蓑衣也不穿。

台湾南部雨量不多。尤其是高雄,灰土漫天,树枝树叶上厚墩墩地堆积着尘埃,经阵雨一淋,苍翠碧绿,焕然一新。雨后的寿山,妩媚地俯视默默的爱河;银鳞似的水波也被青青的山染绿了。

河堤上,那一排水泥柱上,那一排路灯的瓷罩,白玉球似的镶嵌在山水之间,依稀是西湖的景色。

"春雨楼头尺八箫,何时归看浙江潮?"

雨像"是千万条琴弦,弹出千变万化的声音"。本文也如一首动听的乐曲,奏出低回的乡情;旋律间,流淌着斩不断的轻愁。

1. "这奇异的雨,梦幻似的教人幻想。"作者会幻想什么呢?文章抒发作者一种怎样的情怀?

2. 作者在文章的结尾引用了苏诗,体会作者和苏氏相同的一种感情。

依 然 是 雨

◆林 玲

后来,长大了。很惊奇地发现,还有"调调"这种
叫人如醉如痴的东西。它象征着一个人的风雅与脱
俗,像雨中漫步,伞下听雨鸣,海边观雨景等等。

　　小时候,好喜欢下雨,喜欢听那种丁丁当当的敲击声,喜欢那稀里哗啦的宣泄
声,喜欢雨水将大地洗了个澡之后的那份干干净净,清清爽爽的感觉。当然最喜欢
的还是那一片白茫茫的积水。好棒哟! 小雄! 小辉! 阿美! 阿珠! 来啊! 快来啊!
我们来玩打水战,放小船吧! 乐喔! 从嘴角直笑到眼睛里,又从脸上扩散到全身的
每一个角落。跳啊! 蹦啊! 跑啊! 追啊! 什么也不欠缺了。
　　渐渐地,因为妈妈和老师都说:"下雨天,可别忘了带雨具喔! 淋了雨,会感冒,
会生病的啊!"雨,也慢慢地不再是那种朝思暮想的恩物了。不下也好,免得带雨具
又烦又重的。但是如果出门时毫无征候,快放学时才突然下起雨来,要很突然才
好,让妈妈和爸爸都来不及送雨具,我们就可以好好地表演一下自己的勇敢了。冲
啊! 雨丝从脸上滑到脖子里,凉凉的、冰冰的,从头直到脚好痛快、好舒服。一边跑,
一边张嘴,让雨点像小弹珠似的投进口中,清清爽爽的,有一种似有似无的甜味。
管他"落汤鸡"是副什么模样! 一伙人嘻嘻哈哈地在雨丝中穿梭实在好玩,一切都
可以不管,反正嘛! 又不是我的错。天上的事,我哪知道! 回家也不会挨骂的。是
天有不测风云的啊! 反倒是赚了一笔疼,又骗了一顿怜,蛮划算的啊!
　　后来,长大了,很惊奇地发现,还有"调调"这种叫人如醉如痴的东西。它象征
着一个人的风雅与脱俗,像雨中漫步,伞下听雨鸣,海边观雨景等等。不全都是很
美,很别致、很调调的吗? 令人老有一种莫名其妙的盼望与向往。
　　结婚了,另一半的他,似乎比我更爱雨。他常常三更半夜,还不会忘记了提醒
我说:
　　"你听! 下雨的声音多美! "
　　"嗯!"我当然不能糊糊涂涂地说不美而自贬身价啰! 但我不得不承认它是最
佳的催眠曲。下雨天,天气凉爽,睡觉格外地香甜、舒坦。这是真的。
　　孩子来了之后,忙碌的事情多了,再也没有闲情逸致去制造或强调什么调调
不调调了。原来对于雨的那份情感也自然淡漠了。甚至要不是体谅农作物没有雨
水是不行的这件事的话,还真希望一年三百六十五天,天天都是太阳的天下才好

呢!因为一到下雨天,孩子的尿布晒不干,却偏偏就是尿个不停,尿个没完没了的。弄得东是尿布,西是尿布;头顶上碰到的是尿布,脚底下踩的还是尿布。湿漉漉的,找块干净的还真不容易呢!为此,我对雨失去了好感,还多次地诅咒过它。

雨让我感到害怕,倒还只是去年的事。原来大家都说:"屏东不会有什么台风的啦!"恒春虽然常和台风扯在一起,但它离市区还远着呢!各人头上一片天。大家一直都没把它放在心上,看在眼里。没想到却偏偏就有那么意外的一次。赛洛玛台风一个上午两个小时的骚扰,屋顶上那一片粗壮的文化瓦,竟开始稀里哗啦地又跑又跳。助纣为虐的雨,毫不客气地闯了进来,一切都没了保障。虽然遭殃的不只我们一家,但惨就惨在这里,那么多的人家要修屋顶,泥水匠却还是固定的那几个。虽然他们可以起早摸黑地干活,却总还是不能成为三头六臂的人啊!等等吧!却把雨给等来了。稀里哗啦,滴滴答答,就像直接打在人心板上似的。多触目惊心的声音啊!叫人又怕又气又急又恨,午夜梦醒,没有电,一片黑漆漆的。拿着摇摇晃晃、忽明忽暗的蜡烛,只见东在滴水,西又湿了一片。怎么办呢?长夜漫漫,天亮之后还不一定就有办法!那些日子,一串串的雨,就像一串串的子弹,一把把的尖刀,叫人又急又烦,真叫人痛恨啊!

从此,我对雨没有了好感。有时是麻麻木木的:彼此各不相干;有时是烦烦厌厌的:又下雨,干什么来着?有时,更会有一股无法平息的恐惧感:可别再漏雨了啊!凝视窗外,依然是雨,只是人在变,我变了,而失去的东西不复再来。

本文是篇抒情散文。不见朦胧也没有浓得化不开的柔情,只是把自己的经历、体验如实地写出来,读起来颇有"似曾相识燕归来"之感。

1.文章以感情变化为线索,仔细体会作者对这种感情变化的描绘。

2.体会文中用白描的手法描写对不同生活的体验。

3.用感情变化来反映人生历程,这种写作思路与一般描写雨景的文章有什么不同之处?

听听那冷雨

◆（台湾）余光中

雨不但可嗅，可观，更可以听。听听那冷雨。听雨，只要不是石破天惊的台风暴雨，在听觉上即是一种美感。

惊蛰一过，春寒加剧。先是料料峭峭，继而雨季开始，时而淋淋漓漓，时而淅淅沥沥，天潮潮地湿湿，即使在梦里，也似乎把伞撑着。而就凭一把伞，躲过一阵潇潇的冷雨，也躲过整个雨季。连思想也都是潮润润的。每天回家，曲折穿过金门街到厦门街迷宫式的长巷短巷，雨里风里，走入霏霏令人更想入非非。想这样子的台北凄凄切切完全是黑白片的味道，想整个中国整部中国的历史无非是一张黑白片子，片头到片尾，一直是这样下着雨的。这种感觉，不知道是不是从安东尼奥尼那里来的。不过那一块土地是久违了，25年，四分之一的世纪，即使有雨，也隔着千山万山，千伞万伞。25年，一切都断了，只有气候，只有气象报告还牵连在一起。大寒流从那块土地上弥天卷来，这种酷冷吾与古大陆分担。不能扑进她怀里，被她的裙边扫一扫吧也算是安慰孺慕之情。

这样想时，严寒里竟有一点儿温暖的感觉了。这样想时，他希望这些狭长的巷子永远延伸下去，他的思路也可以延伸下去，不是金门街到厦门街，而是金门到厦门。他是厦门人，至少是广义的厦门人，20年来，不住在厦门，住在厦门街，算是嘲弄吧，也算是安慰。不过说到广义，他同样也是广义的江南人，常州人，南京人，川娃儿，五陵少年。杏花春雨江南，那是他的少年时代了。再过半个月就是清明。安东尼奥尼的镜头摇过去，摇过去又摇过来。残山剩水犹如是；皇天后土犹如是；纭纭黔首纷纷黎民从北到南犹如是。那里面是中国吗？那里面当然还是中国，永远是中国。只是杏花春雨已不再，牧童遥指已不再，剑门细雨渭城轻尘也都已不再。然则他日思夜梦的那片土地，究竟在哪里呢？

在报纸的头条标题里吗？还是香港的谣言里？还是傅聪的黑键白键马思聪的跳弓拨弦？还是安东尼奥尼的镜底勒马洲的望中？还是呢，故宫博物院的壁头和玻璃橱内，京戏的锣鼓声中太白和东坡的韵里？

杏花。春雨。江南。六个方块字，或许那片土就在那里面。而无论赤县也好神州也好中国也好，变来变去，只要仓颉的灵感不灭，美丽的中文不老，那形象，那磁石一般的向心力当必然长在。因为一个方块字是一个天地。太初有字，于是汉族的心灵，祖先的回忆和希望便有了寄托。譬如凭空写一个"雨"字，点点滴滴，滂滂沱沱，淅沥淅沥淅沥，一切云情雨意，就宛然其中了。视觉上的这种美感，岂是什么rain也好Pluie也好所能满足？翻开一部《辞源》或《辞海》，金木水火土，各成世界，而一入"雨"部，古神州的无颜千变万化，便悉在望中，美丽的霜雪云霞，骇人的雷电霹雳，展露的无非是神的好脾气与坏脾气，气象台百读不厌门外汉百思不解的百科全书。

听听，那冷雨；看看，那冷雨；嗅嗅闻闻，那冷雨；舔舔吧，那冷雨。雨在他的伞上，这城市百万人的伞上，雨衣上，屋上，天线上。雨下在基隆港，在防波堤，在海峡的船上，清明这季雨。雨是女性，应该最富于感性。雨气空濛而迷幻，细细嗅嗅，清清爽爽新新，有一点点薄荷的香味。浓的时候，竟发出草和树沐发后特有的淡淡土腥气，也许那竟是蚯蚓和蜗牛的腥气吧，毕竟是惊蛰了啊。也许地上的地下的生命，也许古中国层层叠叠的记忆皆蠢蠢而蠕，也许是植物的潜意识和梦吧，那腥气。

第三次去美国，在高高的丹佛山居了两年。美国的西部，多山多沙漠，千里干旱。天，蓝似盎格鲁·撒克逊人的眼睛；地，红如印第安人的肌肤；云，却是罕见的白鸟。落基山簇簇耀目的雪峰上，很少飘云牵雾。一来高，二来干，三来森林线以上，杉柏也止步。中国诗词里"荡胸生层云"，或是"商略黄昏雨"的意趣，是落基山上难睹的景象。落基山岭之胜，在石，在雪。那些奇岩怪石，相叠互倚，砌一场惊心动魄的雕塑展览，给太阳和千里的风看。那雪，白得虚虚幻幻，冷得清清醒醒，那股皑皑不绝一仰难尽的气势，压得人呼吸困难，心寒眸酸。不过要领略"白云回望合，青霭入看无"的境界，仍须回中国。台湾湿度很高，最饶云气氤氲雨意迷离的情调。两度夜宿溪头，树香沁鼻，宵寒袭时，枕着润碧湿翠苍苍交叠的山影和万籁都歇的岑寂，仙人一样睡去。山中一夜饱雨，次晨醒来，在旭日未升的原始幽静中，冲着隔夜的寒气，踏着满地的断柯折枝和仍在流泻的细股雨水，一径探入森林的秘密，曲曲弯弯，步上山去。溪头的山，树密雾浓，葱郁的水气从谷底冉冉升起，时稠时稀，蒸腾多姿，幻化无定，只能从雾破云开的空处，窥见乍现即隐的一峰半壑，要纵览全貌，几乎是不可能的。至少入山两次，只能在白茫茫里和溪头诸峰玩捉迷藏的游戏，回到台北，世人问起，除了笑而不答心自闲，故作神秘之外，实际的印象，也无非山在虚无之间罢了。云缭烟绕，山隐水适的中国风景，由来予人宋画的韵味。那天下也许是赵家的天下，那山水却是米家的山水。而究竟，是米氏父子下笔像中国的山水，还是中国的山水上纸像宋画，恐怕是谁也不清楚了吧？

雨不但可嗅，可观，更可以听。听听那冷雨。听雨，只要不是石破天惊的台风暴雨，在听觉上即是一种美感。大陆上的秋天，无论是疏雨滴梧桐，或是骤雨打荷叶，听去总有一点凄凉、凄清、凄楚。于今在岛上回味，则在凄楚之外，更笼上一层凄迷了。饶你多少豪情侠气，怕也经不起三番五次的风吹雨打。一打少年听雨，红烛昏沉；二打中年听雨，客舟中，江阔云低；三打白头听雨，在僧庐下。这便是亡宋之痛，一颗敏感心灵的一生，楼上、江上、庙里，用冷冷的雨珠子串成。十年前，他曾在一场摧心折骨的鬼雨中迷失了自己。雨，该是一滴湿漓漓的灵魂，在窗外喊谁。

雨打在树上和瓦上，韵律都清脆可听。尤其是铿铿敲在屋瓦上，那古老的音乐，属于中国。王禹偁在黄冈，破如椽的大竹为屋瓦。据说住在竹楼上面，急雨声如瀑布，密雪声比碎玉。而无论鼓琴，咏诗，下棋，投壶，共鸣的效果都特别好。这样岂不像住在竹筒里面，任何细脆的声响，怕都会加倍夸大，反而令人耳朵过敏吧。

雨天的屋瓦，浮漾湿湿的流光，灰而温柔，迎光则微明，背光则幽暗，对于视觉，是一种低沉的安慰。至于雨敲在鳞鳞千瓣的瓦上，由远而近，轻轻重重轻轻，夹着一股股的细流沿瓦槽与屋檐潺潺泻下，各种敲击音与滑音密织成网，谁的千指百指在按摩耳轮。"下雨了"，温柔的灰美人来了，她冰冰的纤手在屋顶拂弄着无数的黑键啊灰键，把响午一下子奏成了黄昏。

在古老的大陆上，千屋万户是如此。20多年前，初来这岛上，日式的瓦屋亦是如此，先是天暗了下来，城市像罩在一块巨幅的毛玻璃里，阴影在户内延长复加深。然后凉凉的水意弥漫在空间，风自每一个角落里旋起，感觉得到，每一个屋顶上呼吸沉重都覆着灰云。雨来了，最轻的敲打乐敲打这城市，苍茫的屋顶，远远近近，一张张敲过去，古老的琴，那细细密密的节奏，单调里自有一种柔婉与亲切，滴滴点点滴滴，似幻似真，若孩时在摇篮里，一曲耳熟的童谣摇摇欲睡，母亲吟哦鼻音与喉音。或是江南的泽国水乡，一大筐绿油油的桑叶被啮于千百头蚕，细细琐琐屑屑，口器与口器咀咀嚼嚼。雨来了，雨来的时候瓦这么说，一片瓦说，千亿片瓦说，轻轻地奏吧沉沉地弹，徐徐地叩吧挞挞地打，间间歇歇敲一个雨季，即兴演奏从惊蛰到清明，在零落的坟上冷冷奏挽歌，一片瓦吟千亿片瓦吟。

在日式的古屋里听雨，听四月霏霏不绝的黄梅雨，朝夕不断，旬月绵延，湿粘粘的苔藓从石阶下一直侵到他舌底，心底。到7月，听台风台雨在古屋顶上一夜盲奏，千寻海底的热浪沸沸被狂风挟来，掀翻整个太平洋只为向他的矮屋檐重重压下，整个海在他的蜗壳上哗哗泻过。不然便是雷雨夜，白烟一般的纱帐里听羯鼓一通又一通，滔天的暴雨滂滂沛沛扑来，强劲的电琵琶忐忑忑忑忐忑忐，弹动屋瓦的惊悸腾腾欲掀起。不然便是斜斜的西北雨斜斜，刷在窗玻璃上，鞭在墙上打在阔大的芭蕉叶上，一阵寒濑泻过，秋意便弥漫日式的庭院了。

在日式的古屋里听雨，春雨绵绵听到秋雨滴滴，从少年听到中年，听听那冷雨。雨是一种单调而耐听的音乐，是室内乐，是室外乐，户内听听，户外听听，冷冷，那声乐。雨是一种回忆的音乐，听听那冷雨，回忆江南的雨下得满地是江湖，下在桥上和船上,也下在四川的秧田和蛙塘,下肥了嘉陵江下湿布谷咕咕的啼声。雨是潮潮润润的音乐下在渴望的唇上舐舐那冷雨。

雨是最最原始的敲打乐从记忆的彼端敲起。瓦是最最低沉的乐器灰蒙蒙的温柔覆盖着听雨的人,瓦是音乐的雨伞撑起。但不久公寓的时代来临,台北你怎么一下子长高了。瓦的音乐竟成了绝响。千片万片的瓦翩翩,美丽的灰蝴蝶纷纷飞走,飞入历史的记忆。现在雨下下来,下在水泥的屋顶和墙上,没有音韵的雨季。树也砍光了,那月桂,那枫树,柳树和擎天的巨椰,雨来的时候不再有丛叶嘈嘈切切,闪动湿湿的绿光迎接。鸟声减了啾啾,蛙声沉了咯咯,秋天的虫吟也减了唧唧。20世纪70年代的台北不需要这些,一个乐队接一个乐队便遣散尽了。要听鸡叫,只有去《诗经》的韵里寻找。现在只剩下一张黑白片,黑白的默片。

正如马车的时代去后,三轮车的时代也去了。曾经在雨夜,三轮车的油布篷挂起,送她回家的途中,篷里的世界小得多可爱,而且躲在警察的辖区以外。雨衣的口袋越大越好,盛得下他的一只手里握一只纤纤的手。台湾的雨季这么长,该有人发明一种宽宽的双人雨衣,一人分穿一只袖子,此外的部分就不必分得太苛。而无论工业如何发达,一时似乎还废不了雨伞。只要雨不倾盆,风不横吹,撑一把伞在雨中仍不失古典的韵味。任雨点敲在黑布伞或是透明的塑料伞上,将骨柄一旋,雨珠向四方喷溅,伞缘便旋成了一圈飞檐。跟女友共一把雨伞,该是一种美丽的合作吧。最好是初恋,有点兴奋,更有点不好意思,若即若离之间,雨不妨下大一点。真正初恋,恐怕是兴奋得不需要伞的,手牵手在雨中狂奔而去,把年轻的长发和肌肤交给漫天的淋淋漓漓,然后向对方的唇上颊上尝凉凉甜甜的雨水。不过那要非常年轻且激情,同时,也只能发生在法国的新潮片里吧。

大多数的雨伞想不会为约会张开。上班下班,上学放学,菜市来回的途中,现实的伞,灰色的星期三。握着雨伞,他听那冷雨打在伞上,索性更冷一些就好了,他想。索性把湿湿的灰雨冻成干干爽爽的白雨,六角形的结晶体在无风的空中回回旋旋地降下来,等须眉和肩头白尽时,伸手一拂就落了。25年,没有受故乡白雨的祝福,或许头发上下一点白霜是一种变相的自我补偿吧。一位英雄,经得起多少次雨季?他的额头是水成岩削成还是火成岩?他的心底究竟有多厚的苔藓?厦门街的雨巷走了20年与记忆等长,一座无瓦的公寓在巷底等他,一盏灯在楼上的雨窗子里,等他回去,向晚餐后的沉思冥想去整理青苔深深的记忆。前尘隔海,古屋不再。听听那冷雨。

心灵体验　　　作者在散文中,行文运笔之际,可以引起读者各种感官刺激,使读者如临其境,感同身受,这样的文章才具有动人的魅力。《听听那冷雨》是余光中的散文代表作，素为人称道。这是一篇感觉性的文章，需要读者运用视觉、听觉、触觉、味觉，同时参与享受。

1. 朗诵本文，仔细体会语言的感觉性。
2. 举例说明本文运用的通感的手法。在我们读过的文章中，有没有用通感手法写作的？

小楼听雨

◆郭嗣汾

> 风雨把小楼和外界隔绝了，我变成了与世隔绝的人，我不知风雨外还有什么，风雨外的你在做什么，也在和我一样地沉思吗？

风雨之夜，我惦念着远方的朋友，也惦念着隔窗的樱花。几次山居，都和风雨结了不解之缘，在山上，听风听雨似乎也会给人带来更多的怅惘。

秦少游的一首《浣溪沙》写道：

"漠漠轻寒上小楼，晓阴无奈似穷秋，淡烟流水画屏幽。自在飞花轻似梦，无边丝雨细如愁，室帘闲挂小银钩。"

这首词，颇能道出我此刻的心情，风雨把小楼和外界隔绝了，我变成了与世隔绝的人，我不知风雨外还有什么，风雨外的你在做什么，也在和我一样地沉思吗？

词人在风雨中写出了他们的心声，为千古留下不朽的名句，"夜雨剪春酒，新炊闲黄粱"和"何当共剪西窗烛，却话巴山夜雨时"，都是幸运的。风雨之夜能有位朋友在一起剪烛夜话，人生还有什么比这更值得称道的呢？不幸是"最难风雨故人来"，所以多少风雨夜，都不免在孤独中过去了。

词人们风雨寄情的作品很多，蒋竹山的一阕《虞美人》给我的印象很深，末句是："悲欢离合总无情，一任阶前点滴到天明。"这首词，说尽作者心中无尽的感慨，从歌楼听雨的旖旎风光，到江天云帆的漂泊，最后鬓发星星，寂寞僧庐下，听风听雨，道尽人生凄凉，使人感触甚深！

我半生来，前一半在战争中过去了，绚烂的年华，生命中最好的时代，都付与关山与战争；近年来，太平洋上的天风海雨，洗尽壮志雄心，催生华发。现在，山中

12

听雨,虽不如竹山的无可奈何的感觉,也不禁有如少游的有"无端丝雨细如愁"之感了。

记得你曾说喜欢纳兰性德的词,我没有表示出我的看法,实在我也是喜欢的,有一个时期,我曾熟读"饮水""侧帽"两集中每一首词,然而,近年来,我不敢再翻它,那一份凄切伤感的孤独使我受不下去。然而,在风雨萧瑟的夜里,我却不能不记起他的一首词:

"谁翻乐府凄凉曲?风也萧萧,雨也潇潇;瘦尽灯花又一宵。不知何事萦怀抱?醒也无聊,醉也无聊!梦里何曾到谢桥。"

还记得有一次我写给一位朋友的短笺中,抄了这首词,我还写着:晏小山的"梦魂惯得无拘检,又踏杨花过谢桥",已经够使人低回!但是连梦里都不能到"谢桥",其伤感又当如何呢?

长夜漫漫没有完,风雨也没有息,我只能搁笔了。

文章把"听雨"作为贯串全文的线索,融合个人的遭遇,表现其"孤独"、"寂寞"、"凄凉"的人生感受。以"小楼听雨"为题,营造了悲剧性的氛围。凄清的美和深沉的情融合,彰显出文章主题的光辉。笔调虽带伤感,但这伤感不仅是个人的,也是民族的。

1.文章中有哪几处提到了"谢桥",它有什么象征意义?
2."长夜漫漫没有完,风雨也没有息"一句有什么含义?表达了作者怎样的思想感情?

下雨天，真好

◆琦 君

雨下得愈大愈好，檐前马口铁落水沟丁丁当当地响。我就合着节拍唱起山歌来。母亲一起床，我也就跟着起来，顾不得吃早饭，就套上叔叔的旧皮靴，顶着雨在院子里玩。

我问你，你喜欢下雨吗？你会回答说："喜欢，下雨天富于诗意，叫人的心宁静。尤其是夏天，雨天里睡个长长的午觉该多舒服。"可是你也许会补充说："但别下得太久，像那种黄梅天，到处湿漉漉的，闷得叫人喘不过气来。"

告诉你，我却不然。我从来没有抱怨过雨天。雨下了十天、半月，甚至一个月，屋子里挂满万国旗似的湿衣服，墙壁地板都冒着湿气，我也不抱怨。我爱雨不是为了可以撑把伞兜雨，听伞背滴答的雨声，就只是为了喜欢那下不完雨的雨天。为什么，我说不明白。好像雨天总是把我带到另一个处所，离这纷纷扰扰的世界很远很远。在那儿，我又可以重享欢乐的童年，会到了亲人和朋友，游遍了魂牵梦萦的好地方。优游、自在。那些有趣的好时光啊，我要用雨珠的链子把它串起来，绕在手腕上。

今天一清早，掀开帘子看看，玻璃窗上已撒满了水珠，啊，真好，又是个下雨天。

守着窗儿，让我慢慢儿回味吧，那时我才6岁呢，睡在母亲暖和的臂弯里，天亮了，听到瓦背上哗哗哗的雨声，我就放心了。因为下雨天长工不下田，母亲不用老早起来做饭，可以在热被窝里多躺会儿。这一会儿工夫，就是我最幸福的时刻，我舍不得再睡，也不让母亲睡，吵着要她讲故事，母亲闭着眼睛，给我讲雨天的故事：有一个瞎子，雨天没有伞，一个过路人看他可怜，就打着伞一路送他回家。瞎子到了家，却说那把伞是他的，还请来邻居评理，说他的伞有两根伞骨是用麻线绑住的，伞柄有一个窟窿。说得一点也不错。原来他一面走一面用手摸过了。伞主人笑了笑，就把伞让给他了。我说这瞎子好坏啊！母亲说，不是坏，是因为他太穷了，伞主想他实在应当有把伞，才把伞给他的，伞主是个好心人。在熹微的晨光中，我望着母亲的脸，她的额角方方正正，眉毛是细细长长的，眼睛也眯成一条线。教我认字的老师说菩萨慈眉善目，母亲的长相大概也跟菩萨一个样子吧。

雨下得愈大愈好，檐前马口铁落水沟丁丁当当地响。我就合着节拍唱起山歌来。母亲一起床，我也就跟着起来，顾不得吃早饭，就套上叔叔的旧皮靴，顶着雨在院子里玩。阴沟里水满了,白绣球花瓣飘落在烂泥地和水沟里。我把阿荣伯给我雕的小木船漂在水沟里,中间坐着母亲给我缝的大红"布姑娘"。绣球花瓣绕着小木船打转,一起向前流。我跟着小木船在烂泥地里踩水,吱咯吱咯的响。直到老师来了才被捉进书房。可是下雨天老师就来得晚,他有脚气病,像大黄瓜的肿腿,穿针鞋走田埂路不方便。我巴不得他摔个大筋斗掉在水田里,就不会来逼我认方块字了。

天下雨,长工们就不下田,都蹲在大谷仓后面推牌九。我把小花猫抱在怀里,自己再坐在阿荣伯怀里,等着阿荣伯把一粒粒又香又脆的炒胡豆剥了壳送到我嘴里。胡豆吃够了再吃芝麻糖,嘴巴干了吃柑子。肚子鼓得跟蜜蜂似的。一双眼睛盯着牌九,黑黑的四方块上白点点,红点点。大把的铜子儿一会儿推到东边,一会儿推到西边。谁赢谁输都一样有趣。我只要雨下得大就好,雨下大了他们没法下田,就一直这样推牌九推下去。老师喊我去习大字,阿荣伯就会去告诉他:"小春肚子痛,喝了午时茶睡觉了。"老师不会撑着伞来谷仓边找我的。母亲只要我不缠她就好,也不知我是否上学了,我就这么一整天逃学。下雨天真好,有吃有玩,长工们各个疼我,家里人多,我就不寂寞了。

潮湿的下雨天,是打麻线的好天气,麻线软而不会断。母亲熟练的双手搓着细细的麻丝,套上机器,轮轴呼呼地转起来,雨也跟着下得更大了。五叔婆和我帮着剪线头。她是老花眼,母亲是近视眼,只有我一双亮晶晶的眼睛最管事。为了帮忙,我又可以不写大小字。懒惰的四姑一点儿忙不帮,只伏在茶几上,唏呼唏呼抽着鼻子,给姑丈写情书。我瞄到了两句:"下雨天讨厌死了,我的伤风老不好。"其实她的鼻子一年到头伤风的,怨不了下雨天。

五月黄梅天,到处黏糊糊的,母亲走进走出地抱怨,父亲却端着宜兴茶壶,坐在廊下赏雨。院子里各种花木,经雨一淋,新绿的枝子,顽皮地张开翅膀,托着娇艳的花朵冒着微雨,父亲用旱烟管点着它们告诉我这是丁香花,那是一丈红。大理花与剑兰抢着开,木棒花散布着淡淡的幽香。墙边那株高大的玉兰花开了满树,下雨天谢得快,我得赶紧爬上去采,采了满篮子送左右邻居。玉兰树叶上的水珠都是香的,洒了我满头满身。

唱鼓儿词的总在下雨天从我家后门摸索进来,坐在厨房的条凳上,咚咚咚地敲起鼓子,唱一段秦雪梅吊孝,郑元和学丐。母亲一边做饭,一边听。泪水挂满了脸颊,拉起青布围裙擦一下,又连忙盛一大碗满满的白米饭,请瞎子先生吃,再给他一大包的米。如果雨一直不停,母亲就会留下瞎子先生,让他在阿荣伯床上打个中觉,晚上就在大厅里唱,请左邻右舍都来听。大家听说潘宅请听鼓儿词,老老少少全来了。宽敞的大厅正中央燃起了亮晃晃的煤气灯,发出嘶嘶嘶的声音。煤气灯一亮,我就有做喜事的感觉,心里说不出的开心。大人们都坐在一排排的条凳与竹椅

15

上，紫檀木镶大理石的太师椅里却挤满了小孩。一个个光脚板印全印在茶几上。雨哗哗地越下越大，瞎子先生的鼓咚咚咚地也敲得愈起劲。唱孟丽君，唱秦雪梅，母亲和五叔婆她们眼圈都哭得红红的，我就只顾吃炒米糕、花生糖。父亲却悄悄地溜进书房作他的"唐诗"去了。

八九月台风季节，雨水最多，可是晚谷收割后得靠太阳晒干。那时没有气象报告，预测天气好坏全靠有经验的长工和母亲抬头看天色。云脚长了毛，向西北飞奔，就知道有台风要来了。我真开心，因为可以套上阿荣伯的大钉鞋，到河边去看涨大水，母亲皱紧了眉头对着走廊下堆积如山的谷子发愁，几天不晒就要发霉的呀，谷子的霉就是一粒粒绿色的曲。母亲叫我和小帮工把曲一粒粒拣出来，不然就会愈来愈多的。这工作好好玩，所以我盼望天一直不要晴起来，曲会愈多，我就可以天天滚在谷子里拣曲，不用读书了。母亲端张茶几放在廊前，点上香念太阳经，保佑天快快放晴。太阳经我背得滚瓜烂熟，我也跟着念，可是从院子的矮墙头望出去，一片迷濛濛。一阵风，一阵雨，天和地连成一片，看不清楚，看样子且不会晴呢，我愈高兴，母亲却愈加发愁了。母亲何苦这么操心呢。

到了杭州念中学了，下雨天可以坐丁丁冬冬的包车上学。一直拉进校门，拉到慎思堂门口。下雨天可以不在大操场上体育课，改在健身房玩球，也不必换操衣操裤。我最讨厌灯笼似的黑操裤了。从教室到健身房有一段长长的水泥路，两边碧绿的冬青，碧绿的草坪，一直延伸到健身房后面。同学们起劲地打球，我撑把伞悄悄地溜到这儿来，好隐蔽，好清静。我站在法国梧桐树下，叶子尖滴下的水珠，纷纷落在伞背上，我心里有一股凄凉寂寞之感，因为我想念远在故乡的母亲。下雨天，我格外想她。因为在幼年时，只有雨天里，我有更多的时间缠着她，雨给我一份靠近母亲的感觉。

星期天下雨真好，因为"下雨天是打牌天"，姨娘说的。一打上牌，父亲和她都不再管我了。我可以溜出去看电影，邀同学到家里，爬上三层楼"造反"，进储藏室偷吃金丝蜜枣和巧克力粒，在厨房里守着胖子老刘炒香喷喷的菜，炒好了一定是我吃第一筷。晚上，我可以丢开功课，一心一意看《红楼梦》，父亲不会衔着旱烟管进来逼我背《古文观止》。稀里哗啦的洗牌声，夹在洋洋洒洒的雨声里，给我一万分的安全感。

如果我一直不长大，就可一直沉浸在雨的欢乐中。然而谁能不长大呢？人事的变迁，尤使我于雨中俯仰低回。那一年回到故乡，坐在父亲的书斋中，墙壁上"听雨楼"三个字是我用松树皮的碎片拼成的。书桌上紫铜香炉里，燃起了檀香。院子里风竹萧疏，雨丝纷纷洒落在琉璃瓦上，发出丁冬之音，玻璃窗也砰砰作响。我在书橱中抽一本白香山诗，学着父母的音调放声吟诵。父亲的音容，浮现在摇曳的豆油灯光里。记得我曾打着手电筒，穿过黑黑的长廊，给父亲温药。他提高声音吟诗，使我一路听着他的诗的声音，不会感到冷清。可是他的病一天天沉重了，在淅沥的风雨中，他吟诗的声音愈来愈低，我终于听不见了，永远听不见了。

杭州的西子湖，风雨阴晴，风光不同，然而我总喜欢在雨中徘徊湖畔。从平湖秋月穿林阴道走向孤山，打着伞慢慢散步。心沉静得像进入神仙世界。这位宋朝的进士林和靖，妻梅子鹤，终老是乡，范仲淹曾赞美他"片心高与月徘徊，岂为千钟下钓台。犹笑白云多自在，等闲因雨出山来"。想见这位大文豪和林处士倘佯林泉之间，流连忘返的情趣。我凝望着碧蓝如玉的湖面上，低斜的梅花，却听得放鹤亭中，响起了悠扬的笛声。弄笛的人向我慢慢走来，他低声对我说："一生知己是梅花。"

我也笑指湖上说："看梅花也在等待知己呢。"雨中游人稀少，静谧的湖山，都由爱雨的人管领了。衣衫渐湿，我们才同撑一把伞绕西泠印社由白堤归来。湖水湖风，寒意袭人。站在湖滨公园，彼此默默相对，"明亮阳光下的西湖，宜于高歌，而烟雨迷雾中的西湖，宜于吹笛。"我幽幽地说。于是笛声又起，与微微雨声相和。

20年了，那笛声低沉而遥远，然而我，仍能依稀听见，在雨中……

雨天给人一种神秘感，好像淅淅沥沥的雨，可以把我们平常日子里不得不面对的烦恼人生隔断。雨给了我们完全属于自己的空间，使我们的心情得到最大限度的放松。《下雨天，真好》单单从题目上我们就可以理解作者对雨天的热爱，整篇文章贯串着一种"爱雨情结"。

1. 这篇文章是怎样将叙事和抒情结合起来的？

2. 你喜欢雨天吗？请说说你的理由。

3. 下雨天你有什么难忘的经历吗？试着写下来。

看 雪 抒 怀

◆黄庆云

> 这里又是一个奇异的雪的世界，山上的积雪，抱着岩石，覆盖乔木，使原来的瀑布顿失滔滔，而泻下了奔腾澎湃的雪瀑，好像拿起一枝水晶的巨笔，在山头尽情挥洒，画出惊人的杰作，随画随抹，愈画愈奇。

生活在南方，看雪的机会少，对雪也特别爱看。虽然爱看，机会却难得极了。

这一年到瑞士参加笔会，在不同的环境里遇到了久违的白雪，激动之情，真不亚于少年时第一次看到雪的时候。

首先是在飞机上俯瞰雪山，那伟大的场景真使人胸怀开阔。雪以各种姿态在目前展现：有一些雪比筛出来的白粉还要细，随时迎风飞舞；有一些则凝固得像晶莹的白玉，透明得像给太阳照的镜子；有一些则已在溶化，奔流下山，引起了一阵雪浪，化成飞琼碎玉，把刚在春风中露出绿意的峰峦，都笼罩到一个闪光的网络中去了。高山上风云不断变幻，似烟非烟，似云非云，忽聚忽散，那就分不出是冉冉升空的云雾，还是飘飘下降的雪花了。

然后，我们在气候较温和的卢加诺市开会，初春已没有下雪了，雪已化为雪水，流到晶莹的卢加诺湖里，万顷碧波，一尘不染。湖的四面种上了法国梧桐，在一片青春的颜色中，影影绰绰地露出了远处琉璃般的雪山，这里的雪，好像与人依依不舍，总是终年不化，无处不在的。

会议结束后我们沿着阿尔卑斯山到各地游览。山路九曲十三弯，天气倏忽千变万化，一忽儿风，一忽儿雪。最难忘是到海拔3000米高的雪尔松峰那一次。上山缆车连续换了四次，一程险似一程，高山的空气，几乎把我们的耳朵震得聋了。

这里又是一个奇异的雪的世界，山上的积雪，抱着岩石，覆盖乔木，使原来的瀑布顿失滔滔，而泻下了奔腾澎湃的雪瀑，好像拿起一枝水晶的巨笔，在山头尽情挥洒，画出惊人的杰作，随画随抹，愈画愈奇。

在这些奇景中点缀得最出色的便是人。他们踩着溜冰鞋，履险如夷，或是滑冰滑雪的健儿，在寒风中坚持锻炼，要突破自己的纪录；或是发电厂的工作人员，要充分利用水力，坚持不懈把动力输到山下；或是乳酪厂的员工，把收获品带到城市，丰富人们的生活。这何止画中有画，而且是画外有声，是瑞雪向人间一年一度宣布河流的新生,树木的新生,田野的新生,自然和人类的关系又一次周而复始。在天上看雪只觉得雪为人间添美景,在人间看雪,又反过来觉得人们给雪以生命力了!

人和自然结合,便产生出美和力量,这又岂独雪而已呢?

心灵体验　　这篇散文可以分为两大部分:"看雪"和"抒怀"。首先从不同角度描摹了这个世界著名雪国的美景,使人如临其境,如见其景,感受到大自然的雄伟壮阔。然后由雪又写到人。使得自然增添了人的气息、声音,大自然不再寂寞,人们给自然增添了美与生命力。

放飞思维　　1.作者选取了哪几个角度描绘雪国美景?给你带来怎样的感受?

2.文章最后一句在全文中有什么作用?

踏雪寻春

◆牛宪纲

> 突然,眼前出现几丛芦苇,皆遭火焚,残干枯叶,劲风中摇曳作响,一种凄美摄入魂魄。

窗外,飞舞的雪花中,那丛迎春开得正闹。白雪映衬黄花,金灿灿的。刚从学校回来过寒假的我忽然心动:踏雪寻春去!妹妹正随三毛在撒哈拉大沙漠里遨游,不时嘿嘿傻笑。好容易把她拉回来,却瞪大眼睛说我有病。我拿三毛作比,说踏雪寻春,当比三毛更三毛。一听这话,妹妹来了精神,翻身下床,围巾胶鞋,极麻利地武装完毕,倒连声催起我来。我窃笑,还是头发长的好糊弄。

一上江堤,寒风挟着雪团儿,直往脖子里钻。放眼望去,雪滩茫茫,瘦水一痕。妹妹跌足叫悔:"寻春寻春,寻你的魂。"我笑道:"若是桃红柳绿,莺飞草长,那叫游春。这踏雪寻春,妙在这一个'寻'字。"妹妹满脸无奈,作误上贼船状,一跳一滑,跟我下了江堤。

江滩上杳无人迹,积雪蓬松深及膝弯。顶风冒雪,一步步挨到江边,妹妹气喘吁吁,两颊绯红,不由满腹怨气。我劝她说,这江水非平日之江水,乃是绿葡萄初西

19

发酵的一江春水。说归说，自知难以服人。搜索枯肠想胡诌几句，妹妹忽然惊呼，且遥指远方。我擦净眼镜，极目水天苍茫处，好像有几粒黑点。妹妹眼尖，说是野鸭子。我遂借题发挥，诵东坡名句"春江水暖鸭先知"。

观赏了雪落碧波、野鸭戏水的美景，欲打道回府，谁料又节外生枝——妹妹想原路返家，我想从柳林迂回，相持不下，陷入僵局。没办法，只好掷硬币一决胜负。天助我也，三番两胜，兄走妹随。此时雪愈发下得紧，惟闻阵阵喘息与吱吱踏雪声。更觉路漫漫其修远兮，双腿沉沉如坠铅。

突然，眼前出现几丛芦苇，皆遭火焚，残干枯叶，劲风中摇曳作响，一种凄美摄入魂魄。妹妹见了停下步子，调侃说："这里也有春么？"我折段焦苇，剥去苇衣，苇心竟泛出新绿，火焚雪欺，芦苇不死，令人感叹。

深一脚浅一脚地走进柳林，恍如置身水晶宫。柳树就像巨大的白珊瑚。倘佯在此，俗心如洗，一片玉洁冰清。妹妹牵过一根柳条，吹去浮雪，欢呼："柳条发芽了！"我笑她痴人说梦。谁知凑近一瞅，咦！柳条当真拱出粒粒嫩芽。只可惜，不会作诗，难以抒情。

我问妹妹："今儿踏雪寻春感觉如何？"她笑答："妙！妙！明年下雪，我们还来。"

本文寓严肃的主题思想于轻松活泼的记叙之中，而绝无端起架子来的说教。兄妹间的好笑调侃平添了文章的情趣。对于野鸭、苇心、柳芽的发现，写得也富于变化，使文章无简单罗列之感。

1. 作者踏雪寻到了哪些春的气息？是怎样描写这些发现的？
2. 具体想像妹妹踏雪寻春会有什么感觉？
3. 说说文章给人们的启示。

祁 连 雪

◆刘白羽

> 在这柔和光线下,雪却更加清晰,每一山峰
> 上层层峦岭,道道峡谷,像雕刻出的缕缕冰纹,交
> 相映错,而群山却是雪的锋、冰的剑,森然罗列,浩
> 渺相连。

欧洲中部蜿蜒着阿尔卑斯山脉,它那终年积雪的白峰,给欧洲增添了多么动人的姿色呀。我曾隔着一个碧绿的小湖眺望阿尔卑斯山,真不能不为那迷离梦幻的景象所迷醉。可是,我看到比阿尔卑斯更美丽、更雄伟的雪山,却是在我国西北,从祁连山连接天山,雪岭冰峰、绵亘千里。

由兰州搭机西飞,有幸与关山月、黎雄才两位画家结伴。飞上空中,关山月一看舷窗外雨雾弥漫,大失所望,说:

"可惜,看不见祁连山了!"

人们说祁连山顶上开放着雪莲,赋予这祁连山以无限诗意,就更引起我一览祁连山的渴望。

登嘉峪关,却只见一派黄沙漫漫,天是黄的,地是黄的,未能一识祁连山面目,倒使我想起范仲淹词句:"塞下秋来风景异,衡阳雁去无留意……千嶂里,长烟落日孤城闭。"谁料第二天,倒是一派清明天气。当我乘车赴红柳沟,即前一天从嘉峪关头,遥望中所见的那片黑蒙蒙山峪中的一条峡谷。祁连山千峰万岭突然展现在我的左方,一层云雾被朝阳照成玫瑰红色,再往上,就是银白的雪峰。中午从红柳沟折回,此时云消雾逝,祁连山一座座山似雪、雪似银,闪闪发光,像是明眸皓齿嫣然微笑。祁连雪既已闪现,在酒泉这一日夜,我一直没离开祁连雪。

下午5时,我乘车来到数十里外的戈壁滩上,这儿一片辽阔,视线无阻,可见祁连山全景。黑色的戈壁滩衬托着白色的雪峰,格外分明。此时日光从西方射来,正好使我领略了祁连山的另一侧面。在这柔和光线下,雪却更加清晰,每一山峰上层层峦岭,道道峡谷,像雕刻出的缕缕冰纹,交相映错,而群山却是雪的锋、冰的剑,森然罗列,浩渺相连。

我立在千古苍莽、万籁无声的戈壁滩上,极目驰思,仿佛听到古代行旅的驼铃悠悠微响……

这天刚好是中秋节前夕,碧海青天,一轮明月。月光下祁连山会不会别有一番

景色呢? 我怕这个盼头落空,故而埋在心里没跟谁说。深夜2时披衣外出,夜是那样幽静,月是那样皎洁,我走到一片开阔之处,啊,祁连雪峰竟如此之美!山上冰雪褶皱十分清晰而又十分朦胧,夜色如同遮了一层细纱,祁连山静得像个睡美人。本来西北高原之夜就使人有伸手摩天之感,而这一片月夜冰峰,真令人联想到"琼楼玉宇,高处不胜寒"。我深为看到平生难得一见的景象而心满意足,回到床上便酣然入睡,准备一早登程离去。哪里料到生活中竟有这样异峰突起的事,清晨起来,我无意间向祁连山方向一瞥,祁连山显现的绝景实在是"叹观止矣"!太阳刚从东面地平线上射出第一线光明,莽莽平畴还沉在灰暗之中,而突露高空的祁连雪峰却照得一片鲜红,特别是峰巅,有如红玛瑙熠熠闪光,向下降是紫红色,再向下降则是深黑色的,这些色彩,缤纷交错,构成一幅艳丽的画图。我屏息静气,目不旁瞬。不久,东方天空浮出一片红霞,刚才所见的一切倏然消失,群山变得雪白,像是洁白晶莹的雪花石雕塑而成,从这白的峰岭上缓缓地、轻轻地飘浮过一种柔和的淡红色。

这时,我想起前一天人们指着祁连山告诉我的话:当年中国红军曾在这里鏖战,有一部分部队进入祁连山,忍饥受冻,流血牺牲,活下来的一批战斗者,由一位卓越的领导人带着,历尽艰辛,穿过峡谷,突围而出。这样一想,我记起前一天下午从戈壁滩上捡到的一块石片,它赤红如血,它,也许是那些先行者在这又荒凉又美丽之地洒下的鲜血所凝成的吧?

 《祁连雪》给人一种心灵的感动。优美的文笔描绘出了祁连雪的苍凉与阳刚,柔美与艳丽,及先行者的悲壮。本文能给人带来感动,是作者靠心与眼的发现,靠良好的语言感觉和表达能力。

 1.本文作者是怎样谋篇布局的?
2.作者笔下的祁连雪侧重点在哪里?给你带来了怎样的感受?

雪

◆梁实秋

> 赏雪，须先肚中不饿。否则雪虐风饕之际，饥
> 寒交迫，就许一口气上不来，焉有闲情逸致去细数
> "一片一片又一片……飞入芦花都不见"？

李白句："燕山雪花大如席。"这话靠不住，诗人夸张，犹"白发三千丈"之类。据科学的报道，雪花的结成视当时当地的气温状况而异，最大者直径7至10厘米。大如席，岂不一片雪花就可以把整个人盖住？雪，是越下得大越好，只要是不成灾。雨雪霏霏，像空中撒盐，像柳絮飞舞，缓缓而下，真是有趣，没有人不喜欢。有人喜雨，有人苦雨，不曾听说谁厌恶雪。就是在冰天雪地的地方，因纽特人也还利用雪块砌成圆顶小屋，住进去暖和得很。

赏雪，须先肚中不饿。否则雪虐风饕之际，饥寒交迫，就许一口气上不来，焉有闲情逸致去细数"一片一片又一片……飞入芦花都不见"？后汉有一位袁安，大雪塞门，无有行路，人谓已死，洛阳令令人除雪，发现他在屋里僵卧，问他为什么不出来，他说："大雪人皆饿，不宜干人。"此公憨得可爱，自己饿，料想别人也饿。我相信袁安僵卧的时候一定吟不出"风吹雪片似花落"之类的句子。晋王子猷居山阴，夜雪初霁，月色清朗，忽然想起远在剡的朋友戴安道，即便夜乘小舟就之，经宿方至，造门不前而返。假如没有那一场大雪，他固然不会发此奇兴，假如他自己饘粥不继，他也不会风雅到夜乘小船去空走一遭。至于谢安石一门风雅，寒雪之日与儿女吟诗，更是富贵人家事。

一片雪花含有无数的结晶，一粒结晶又有好多好多的面，每个面都反射着光，所以雪才显着那样的洁白。我年轻时候听说从前有烹雪论茗的故事，一时好奇，便到院里就新降的积雪掬起表面的一层，放在甑里融成水，煮沸，走七步，用小宜兴壶，沏大红袍，倒在小茶中皿里，细细品啜之，举起喝干了，杯子就鼻端猛嗅三两下——我一点儿也不觉得两腋生风，反而觉得舌本闲强。我再检视那剩余的雪水，好像有用矾打的必要！空气污染，雪亦不能保持其清白。有一年，我在汴洛道上行役，途中车坏，时值大雪，前不巴村后不着店，饥肠辘辘，乃就路边草棚买食，主人飨我以挂面，我大喜过望。但是煮面无水，主人取洗脸盆，舀路旁积雪，以混沌沌的雪水下面。虽说饥者易为食，这样的清汤挂面也不是顶容易下咽的。从此我对于雪，觉得只可远观，不可亵玩。苏武饥吞毡，渴饮雪，那另当别论。

23

雪的可爱处在于它的广被大地,覆盖一切,没有差别。冬夜拥被而眠,觉寒气袭人,蜷缩不敢动,凌晨张开眼皮,窗棂窗帘隙处有强光闪映大异往日,起来推窗一看——啊,白茫茫一片银世界。竹枝松叶顶着一堆堆的白雪,权芽老树也都镶了银边。朱门与蓬户同样的蒙受它的沾被,雕栏玉砌与瓮牖桑枢没有差别待遇。地面上的坑穴洼溜,冰面上的枯枝断梗,路面上的残刍败屑,全都罩在天公抛下的一件鹤氅之下。雪就是这样的大公无私,装点了美好的事物,也遮掩了一切的芜秽,虽然不能遮掩太久。

雪最有益于人之处是在农事方面。我们靠天吃饭,自古以来就看上天的脸色,"上天同云,雨雪雰雰……即雨沾既足,生我百谷。"俗语所说"瑞雪兆丰年",即今冬积雪,明年将丰之谓。不必"天大雪,至于牛目",盈尺就可成为足够的宿泽。还有人说雪宜麦而辟蝗,因为蝗遗子于地,雪深一尺则入地一丈,连虫害都包治了。我自己也有过一点类似的经验,堂前有芍药两栏,书房檐下有玉簪一畦,冬日几场大雪扫积起来,堆在花栏花圃上面,不但可以使花根保暖,而且来春雪融成了天然的润溉,大地回苏的时候果然新苗怒发,长得十分苗壮,花团锦簇。我当时觉得比堆雪人更有意义。

据说有一位枭雄吟过一首咏雪的诗:"黄狗身上白,白狗身上肿,出门一啊喝,天下大一统。"俗话说"官大好吟诗",何况一位枭雄在夤缘际会蹰蹰满志的时候?这首诗不是没有一点巧思,只是趣味粗犷得可笑,这大概和出身与气质有关。相传法国皇帝路易十四写了一首三节联韵诗,自鸣得意,征求诗人批评家布瓦洛的意见,布瓦洛说:"陛下无所不能,陛下欲做一首歪诗,果然做成功了。"我们这位枭雄的咏雪,也应该算是很出色的一首歪诗。

 作品以雪为题,从下雪后的诗,下雪后的情趣,下雪后人们的处境不同,心境也不同,下雪的好处,以及下雪和农事的关系等一一道来。说的似乎是平平淡淡的事情,但给人的感觉是如在细细品味一杯香茶。

 1. 作者认为赏雪应该先作哪些准备?

2. 晋王子猷居山阴,造访朋友戴安道,即便夜乘小舟就之,经宿方至,造门不前而返。他之所以能这样做,当时他具备了哪些条件?

3. 作者认为雪的可爱之处在于哪些方面?

你自风雨中来

◆胡燕青

一飘细绿，经得起几番抛摇?/即只是离离碎
粉,幽然散下/也不免带落一穹灰色的云啊

你自风雨中来
自然最怕听雨
怕那仓促的敲掷
那琉璃上的苦咽与凄鸣
怎么窗外仍有打叶声呢,你说
不是已连根拔起了么
一飘细绿,经得起几番抛摇?
即只是离离碎粉,幽然散下
也不免带落一穹灰色的云啊

你自风雨中来
自然最懂得雨
即使永远夹着层雷和急飙
你仍分辨得出
嫩芽着水的低调
那是一种沉吟的扎痛,你说
细碎,轻柔,却似纹针刺落
理路么,一夕就刻成
明朝纵有再好的阳光
也熏不走半个黄昏的雕刻

然而竟因何,此刻你安然睡入
我积云的怀里,赤裸着
肌纹和细发,还仰脸倚向
我任性的酝酿
竟不怕我,也是一穹急骤的洒泼么?

你自风雨中来,你说
自然不能无雨
如炊烟成霞,尘烬着地
重重复复散失入无垠……
不能无雨,宁在雨中
飘飙,萎地,没入尘土的软抱
好教那多情的水滴
苦苦随来,伴我长睡泥泞中

这首诗中的"你"有时是一个人,有时是一根竹。这是首吟竹诗,也是支吟雨曲,诗人在此展示了一幅风雨竹枝图。

1. 诗中抒写的焦点为"雨"还是为"竹"?描绘了一幅怎样的风雨竹枝图?

2. 理解"你自风雨中来"所蕴含的人生哲理。

3. 在雨中,哪怕"飘飙,萎地,没入尘土"也不怨艾,这种说法有什么象征意义?

阳光动听的声音,响在暗夜之后的日出,严寒之后的春天,以及黑夜到来前的黄昏。这些时刻,阳光会以动情的语言向你诉说重逢的喜悦、友谊的温暖和哪怕是因十分短暂的离别而产生的愁绪。

日月同光

　　只是在荒原，我才享受到真正的阳光，与在城市的居室所感受到的迥然不同。荒原上的阳光是纯洁、健康的，即使在黄昏日落时，也无比的赤诚、辉煌，散发着梦幻的柔和与慈爱；城市的阳光则总带着病态，透过窗棂或门缝，落在地板上、墙壁上，与人工的灯光、主人忧郁的神情交织在一起，一派的倦慵与空虚！

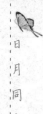

阳 光 心 情

◆明道赛

阳光明晃晃地照着海面,海水越发显得湛蓝。海风穿过长城湾从企鹅岛吹过来时,也带来了那儿淡淡的鸟粪味。克林斯冰盖在蓝色的天幕与海水之间画出一道弧线,飞快地滑向山那边,海那边。

从智利弗雷站回来时,天气全然不像平时那样阴沉。一丝丝的毛卷云正高高飘在天上,粉末样的雪如行走的流沙,在山坡冻结的雪面上走出的一丝一缕正如云的倒影。从雪坡上望去,长城站更像一个洒满阳光的小渔村,红色的小房子是银缎子上一抹鲜亮的色彩。红房子之间有一个个小点在穿行,那该是弟兄们开始滑雪了。我的气象观测场就立在小渔村的村口。

脚下的雪嘎吱嘎吱地响,我一路追着自己长长的影子冲向雪坡下的海滩。海滩上的鹅卵石正赶着晒它们被海水泡得黑糊糊的脊背,与大大小小的冰块一起挤得密密匝匝。黑背海鸥在海面上扎猛子,高高跳起时,翅膀很宽舒地展开来,有的却什么也不干,只是在水面上漂着,随着波浪一上一下地起伏。阳光明晃晃地照着海面,海水越发显得湛蓝。海风穿过长城湾从企鹅岛吹过来时,也带来了那儿淡淡的鸟粪味。克林斯冰盖在蓝色的天幕与海水之间画出一道弧线,飞快地滑向山那边,海那边。

迎面碰上一只海豹时,我们都被对方的突然出现吓了一跳。它正四脚朝天躺在海滩上晒它那难看的大肚子,被我打扰了午睡,它满腹牢骚,但终于还是极不情愿地给我挪开一条路。有谁会甘心错过这难得的阳光呢?阳光下的一切是那么自由,那么清纯,那么自然,那么原始。我觉得自己也开始成了南极的一部分,是一块黑糊糊的鹅卵石,是一阵带着鸟粪味的海风,是南极的肌肤上一个小小的开放的毛孔。我仿佛又回到了精神的家园——在这个家园的天空,有一只风筝在飘。

我的心情宁静到了极致,却又抑止不住细细品味这份宁静所带来的惊喜。我在海滩上奔跑起来,意念中的那只风筝越飞越高,所有的思想却慢慢离我而去,一个毫无思想的"我"取代了我。我要脱下羽绒服扔向天空,我要脱下手套扔向天空,我要像大海一样冲着太阳呼喊,我要在海滩上打个滚,我要在雪地上打个滚。我终于理解了土著部落里简单到只剩下蹦蹦跳跳的舞蹈,我也理解了一个婴儿在纵情嬉闹时毫不介意把自己的脚指头含在嘴里——一切都出于自然,而非刻意的设计。

感谢阳光,感谢阳光下坦荡荡的一切。

心灵体验

本文是一篇写景的散文。作者用轻松自如的笔触描绘了南极海滩阳光下的那份自由、清纯、自然和原始,表达了作者热爱大自然,追求宁静、自由生活的愿望。

放飞思维

1. 写景最重要的是抓住特征,找几句写阳光下南极海滩特征的句子,并仔细体会。
2. 作者意念中的那只风筝是为了表达作者怎样的思想感情?

独对夕阳美好

◆邓 皓

你去看,天没有一个时光比夕阳垂挂于蓝天时美好。哪怕日出时的那种辉煌也远远比不过夕阳隐退时的那份沉静的壮观。何况,欣赏美丽要有一份清静、怡然的心态。在观望日出和日落之间,谁会拥有更多的怡然,还用说么?

从什么时候起,我便钟爱了夕阳呢?

在一幕高挂的天空里,一轮夕阳托举在云层里,恬静而美好。那光泽浓稠而不炽热,如淬了烈焰的钢。而周遭的云霞蔚为壮观,编组成一块五彩的画屏。你专注于去看那画屏时,那夕阳就分明跃坐画屏之上,像极了安详静坐的禅者。

浩然的天宇许多的时候是单调而苍白的。无数的日子太阳就一整天不肯露出脸来。所以,你去看,天没有一个时光比夕阳垂挂于蓝天时美好。哪怕日出时的那种辉煌也远远比不过夕阳隐退时的那份沉静的壮观。何况,欣赏美丽要有一份清静、怡然的心态。在观望日出和日落之间,谁会拥有更多的怡然,还用说么?

小的时候,家乡有一条河。是河却唤作沱江。我是因为沱江爱极了夕阳的。那时,我们喜欢去沱江戏耍,打水漂,捉螃蟹,几个人一块的时候,还能划船呢!尤其是秋天,河水退去汛期之后,整个的沱江静若处子。站在沱江岸边,极目远眺,弯弯曲曲的那便是一条白白的练带。你的思绪就要随着这素洁的练带翔舞开来。而黄昏的时候,我们便看到一只只白色的水鸟在亮翅斜飞,时而掠过水面画出一圈圈涟漪,无穷的自在。而这时夕阳总是倒映在清澈而静寂的沱江里。远远看去,便是一团火球在五彩的光波里沐浴。我们心里感受着这无穷的美好,却不知早在一千多年前王勃就吟诵过"落霞与孤鹜齐飞,秋水共长天一色"的佳句了。那时,小小的我只知夕阳的美丽,却无论如何不知道在夕阳里寻觅一份美好的心境的。犹如那时候生活在乡下的我,看着父母从田间劳作归来,脸上总是挂着幸福而满足的神情,我以为是他们自己心里有什么快乐了,却不知他们的快乐来自于他们踏着夕阳归来的那份心情。

待我慢慢长大,我才知道人类生命中的美丽的一半来自于对自然景观的留意和欣赏。我不敢想像天空没有日月星辰的轮回会是什么模样?季节没有春夏秋冬的变迁会是怎样的萧索?树木没有春华秋实的更替会是怎样的荒凉?我于是开始留意了生活中美好的一切!而这份留意让我发现了人生原本充满着好丰富的情趣!也许是作家大都喜欢孤独和宁静,我是极其喜欢在夕阳里沉思遐想的。面对一轮夕阳,端坐在阳台上,或者散步在郊野,让橘红色的光波在周身沐浴,摊开手来,握一把暖暖的夕阳,你便能找到"悠然见南山"的心境了。而正是在这种恬然的心境下,你的思绪便纷纷扬扬地散开来,那份情境沉浸而美好。你可以想像,卢梭的名著《一个孤独的散步者的遐想》或许其中最奇谲的灵感和哲思就来自于夕阳下的思考呢!

有时候,人生的一些不如意也让我的情绪低落了,而这时候最是我独对夕阳沉思的时候。那夕阳静默不语,却以她博大和壮观的内蕴扩展着我的心胸。人生难免有失意和挫折,就像这夕阳如此美好,也有消融在天际的时候。而自信的人儿不是乐观地道出了一句"夕阳今朝落下去,明朝依旧爬上来"么?我于是更加喜欢在夕阳里审读人生,去用心感触生命中的点点滴滴。久而久之,我把独对夕阳的静思看成是对人生的一种参禅。

是的,人生的美丽是无穷尽的,只要你有心投靠美丽;所以有人说贫穷而能听到风声也是好的。何况,我真是一无所有的时候,我还可以在自己的居室里独对夕阳的美好。甚至,我可以对那轮夕阳说:你整个儿就是我的呢!而让人快慰的是:夕阳并不责备我的贪婪。

于是,一些简简单单的日子,我不惧怕贫穷的劳碌。我庆幸,我能以一颗丰盈的心小心地爱着我拥有的生活。

心灵体验　　　作者以一颗清静、怡然的心,欣赏着夕阳的美好:夕阳不语,却内蕴博大和壮观。作者由此联想到人生,与这美好的夕阳也有消融的时候一样，人生的美丽无穷尽，但人生也难免有失意和挫折，要坚信"夕阳今朝落下去，明朝依旧爬上来"，只要你有心投靠美丽。

放飞思维

1. 想一想作者钟爱夕阳的原因是什么？
2. 谈一谈面对人生的挫折我们应该保持怎样的心态？

荒原上的太阳

◆戴定南

> 荒原上的阳光是纯洁、健康的，即使在黄昏日落时，也无比的赤诚、辉煌，散发着梦幻的柔和与慈爱。

只是在荒原，我才享受到真正的阳光；与在城市的居室所感受到的迥然不同。荒原上的阳光是纯洁、健康的，即使在黄昏日落时，也无比的赤诚、辉煌，散发着梦幻的柔和与慈爱；城市的阳光则总带着病态，透过窗榻或门缝，落在地板上、墙壁上，与人工的灯光、主人忧郁的神情交织在一起，一派的倦惰与空虚！或者，那阳光恰似一个高烧病患者，在高楼的上空，浮躁、骚动，神经质地喧嚷、仓皇……在城市，阳光与人及其环境几乎是分离开的，人对于太阳，要么是祈求、祷告，要么是诅咒、怨恶——设若那些长期生活在潮湿、拥挤、低矮之下的人们：外出的旅人、轮船或飞机的驾驶者，股票经纪人，商贩，劳工，甚至于运动员，户外作业者，他们对于反复无常、弯曲疯狂的太阳，都会作如是心态。太阳与人彻底隔膜，互不和谐，仿佛一种文化处于另一种文化中。在荒原则完全不同，荒原上的一切：石头、枯树、草、泉水、飞禽走兽，无不透出阳光的气息和个性，那融合在一起、不可分解的美，实在太浓烈又太散淡，太本质又太自然了！即便是大山的阴影、巨石的阴影，也让人感到凉爽的太阳的运动和状态。生活在荒原上的人，总是根据太阳的光芒、方位来决定自己的生活，更久远一些的部落，对于太阳的反应，则更为神秘和震撼人心。人们面对太阳剖白自己，作出了种种崇高、悲壮的业绩！是的，在那里，太阳与人的生存、命运合而为一，或者说太阳本身就是生命、父亲和爱人了。他们在自己的身体上、陶器制品上、庙宇里以及简陋的家具上、洞口中，布满了拟日的文饰和情调。颂日的诗歌、谣曲、宗教仪式，则更为屡见不鲜，在这美丽动人的大神秘里，包含了多少健康与纯真！

用"充足"来描述荒原上的太阳实在太轻了。自然，它是充足和丰富的，但远不止于此。说它新鲜、强大、美奂美轮，都远不及一个长年浸泡在山坡上的牧羊人更具说服力，他的皱纹、污垢、衰老的羊皮背心，无不是阳光浆洗的结果，他的孤独、沉寂，他的外表呆痴而内含热力，都是阳光的深刻烙印，此刻，我感到自己文笔的无用，笔尖是流不出荒原那样光彩夺目的阳光来的；不仅是文字缺乏这样的色泽光芒，最敏感和最具创造力的画家、摄影家，恐怕也只有感叹、沉醉，忘掉自己、忘掉表达……人脑太小而荒原无限；人心斑驳、陈杂，而荒原纯净、精粹，要享受荒原上的阳光，只有亲自到荒原深处去，但这不可能，没有几个人愿意放弃安乐，走进漂泊、美和自由中去。即使那些习惯荒原，从内心深处热爱荒原的人，最终也会离开它、淡忘它。整个人类从游牧到农业，再进入工业、信息时代，创造了丰富多姿的各种光源和能量，在各式各样的人造光里，早已忘记光的本体，正如沉湎于舞台五光十色中的人，从来不会体验到一次真正的日出日落一样，从功用上讲，他们已不需要从山尖上、海洋中、荒原里迸发出的夺目光彩了，他们有了更为方便和直接的享受，阳光对于他们真仿佛传说，哪怕在梦中也不会触摸得到的。但怀乡的痛苦贯彻始终，构成了人类精神最深刻的悲剧，人自身的枷锁无法解释，也无可解脱，人与荒原之间复杂微妙的关系，正如同人与自身的复杂微妙，完全可以说，只有对阳光有着无比感受的人，才可称之为真正的人、健康的人。像温森特·凡·高的《向日葵》那样，对于阳光的感受和对于生活的感受是完全统一在一起的。总有一天，人们会走出黑暗，回到完全的阳光中去，而这，正是温森特·凡·高用自己的激情、梦幻和爱恋所给予我们的震颤。他是不朽的，还没有人像他那样在剧烈的阳光之中闪耀着生命的情调的光焰！

作者采取了一种特别的角度来描写太阳、荒原。整篇文章只有两大段，从荒原的阳光和城市的阳光的对比，到人与自然的关系的思索，结构清晰完整，一气呵成。

1.荒原的阳光与城市的阳光有什么不同？作者对比的目的是什么？

2.文章揭示的主题是什么？

伸懒腰的阳光

◆运　娜

> 在这样懒懒的冬日里，在风瑟瑟吹过的校园里，我慢慢地走着，那阳光穿过心灵，把我的灵魂带到远古的世纪。

冬日的阳光直刺着眼睛，晃晃的来自天外，竖直高立的梧桐树上光秃秃的树枝指向天空，感觉恍如隔世。几百几千年来，人们就是这样仰望着头顶的天空，寻找蓝色的智慧、深邃的目光以及那白天和黑夜交会时互放的光辉。

在这样懒懒的冬日里，在风瑟瑟吹过的校园里，我慢慢地走着，那阳光穿过心灵，把我的灵魂带到远古的世纪。我仿佛在古希腊的广场上，和苏格拉底一起一言不语地晒太阳，10月的阳光强烈却不刺眼，有朝圣的人跪着艰难的步子，拖着磨破的膝盖，向诸神祈福，而苏格拉底却漫不经心地转动脑袋，像向日葵似的眯着眼睛朝着太阳，低沉地嘟囔着，神灵存在于我们的心中。我不语，因为我知道眼前这个衣衫褴褛的喜欢把自己打扮成乞丐的成天在大街上找人辩论的人在几千年后也这样被人膜拜，人们膜拜他的智慧，膜拜希腊德尔斐神庙的那断言苏格拉底是先知的神谕。人们在寻找超凡的智慧，却总也逃不开先哲的影子。我望着他，心中竟然一片宁静，伟大的灵魂与朴实无华竟是那样的靠近，让我不被它耀眼的光所伤，却又感到心灵深处的震撼。我在宁静中渐渐地睡去，只听苏格拉底说，阳光真好。是的，这阳光伸伸懒腰，照耀在亘古不变的广场上，照耀在我们的灵魂里。我们睡去了，整整20个世纪。

我们曾在很多时候迷失自己，在不是横平竖直的北大的校园的路上，在不是直线构成的网络里，在我们面似坚定却内心彷徨无助的人格里。但是时间穿梭，几百年后的一抔黄土会对往昔说些什么呢?不如在这冬日慵懒的阳光里好好的铺晒自己快乐的心情吧。

千百年来，先哲们思想的光辉照耀着一代又一代的人们。先哲们的光环让人不敢突破。但是，历史始终在前进，以后的人们又该如何评价前人呢?现在，让我们在这慵懒的阳光里，舒展我们快乐的心情，少让厚厚的历史来压抑着我们。

1.这篇文章的哪些地方属于虚写？

2.说说"伟大的灵魂与朴实无华竟是那样的靠近"的含义。

3."但是时间穿梭，几百年后的一抔黄土会对往昔说些什么呢？"你认为会说些什么？

通往太阳的路

◆金 哲

> 我站在甲板上叫一声："太阳哟，我要去串你的门户。"

太阳，日出——
碧波上漾起一条彩绸路。
我站在甲板上叫一声：
"太阳哟，我要去串你的门户。"

你燃烧着赤子之心，
喷射烈焰和光芒的胸脯。
我，要和你交换心脏，
燃烧自己，为人民造福。

蓦地，太阳收起了笑容，
掀起波涛向我高呼：
"喂，勇士，真想交换心脏？
且看目前的波峰浪谷……"

　　这首诗写诗人与太阳的对话。诗的构思十分独特，整篇皆是"奇思妙想"，结尾处没有点破，颇为含蓄。由于太阳的意象、"我"的意象、二者对话的意象十分具体、生动，所以诗作没有丝毫的说教气息，而显得诗味盎然。

1."我"为什么要与太阳交换心脏？
2.诗人借与太阳的对话，表达了怎样的心愿？
3.太阳对诗人提出的要求是什么？包含了什么含义？

月光幻想曲

◆耿林莽

那些山岭全在月光中半隐半现，冷僻而高远，
且有一座古塔倾斜，立体的月光从塔顶滑下，似有
丝绸碎裂的声音相伴。

月光的美是画不出的。印象派画家莫奈有名作《日出》，而非《月出》。摄影、电影和电视也不行。音乐呢？贝多芬的《月光奏鸣曲》，阿炳的《二泉映月》，都是悠悠地传出了月光之情的。但毕竟只能勾起一点儿想像，终难有置身月光的视觉与触觉的感受。

秦少游《踏莎行》词曰："雾失楼台，月渡迷津。"一个"迷"字便摄住了月光的精灵。阳光明丽、开阔，朗然现一派阳刚之气，却不免有些炙热与烦躁，月光就幽深了。遮遮掩掩，影影绰绰，宁静而悠远。进入月光，便被一种恍惚朦胧的境界所迷；这是我平日生活过的世界吗？我还是我吗？在人间，在仙境，还是在通往地狱的忘川或地下隧道行走？

阳光浴人躯体，月光荡人心魄，进入精神深处，引得离却人间烟火，如在梦里游，长久置身月光之中，人会"异化"为幽灵的么？这或与嫦娥有关。与她的孤独、寂寞、忧郁有关，与她的绵绵乡愁织就的悲剧氛围之网有关吧。

人们灵魂深处潜伏着一种梦思，一经被月光点燃，便"里应外合"地着了迷，身不由己，仿佛坐在一条船上，抑或摇篮中，晃荡着，颠簸着，飘飘忽忽，神志迷糊，完全被月光编织的梦境所环绕，所牵引，所左右。我害怕却又迷恋于此。对于月光，只能在想像中追逐，寄期望于一个"如梦的行者"，让他作我的替身，到月光中去飘忽、去历险、去陶醉吧。

月光是清冷的。水的青色，雪的微寒，且有颤颤的感觉隐约其间，像一角轻纱，一片叶子，或是失血的嘴唇抖动。月光的神秘性在于她似静犹动，在于她的孤独和不安，如同手指握不住的一支残烛，一叶信笺在抖索。而当她依附于什么，笼罩着

36

什么，便与她难以分割地构成一种幽暗的初合，幻化出万千种迷离之境来了。

寻梦者走着，走着，影子孤单，徒步向前。月光在村庄的模糊的屋脊之上，在匍匐着的庄稼地里，在井栏边，在场院的草垛上，在深深的沟壑里暗暗流动。光与影此起彼伏，在河的波浪间如蛇影穿梭。没有车辆的路边，黑黢黢的大树，一个汉子在伐木。他挥起巨斧，一下，一下，披在身上的黑衣裳滑落在地，露出了壮健的肌肉、多毛的胸脯。月光给他的肤色镀上一层青铜的光辉、阴森而潮湿……

是吴刚么？伐木者的汗珠在月光里幽幽地闪烁。

寻梦者走着，走着，旷野无垠，前边有绵延的山岭逶迤。"淮南皓月冷千山，冥冥归去无人管"。他念着姜夔的诗句，一个"冷"字该是咏月诗的千古绝唱了。那些山岭全在月光中半隐半现，冷僻而高远，且有一座古塔倾斜，立体的月光从塔顶滑下，似有丝绸碎裂的声音相伴。

寻梦者仰起脸望月，试着攀上几级塔阶。他听见深山里有犬吠月，他听见远处传来了荒鸡的啼鸣。一个平淡无奇的白昼又将来临，皎月如钩，月光在渐渐地消隐……

多少文人从不同的角度审视出了月亮的美。作者笔下的月光是幽深朦胧的，是清冷孤独的。全文笼罩着一种感伤的氛围与情调，这大概是月光的忧郁的美所致吧。

1. "雾失楼台，月渡迷津"的一个"迷"字在本文中是怎样描述的？

2. "如梦的行者"这一角色在文中有什么作用？

3. 你能写几句古人咏月的诗句吗？

眠　月

◆俞平伯

身处月下,身眠月下,一身之外以及一身,悉
为月华所笼络包举,虽皎洁而不睹皎洁,虽光辉而
无有光辉。不必我特意赏玩它,而我的眼里梦里醉
时醒时,似它无所不在。

湖楼几个月间的闲居,真真是闲居而已,绝非有意于混充隐逸。惟湖山的姝丽朝夕招邀,使我们有时颠倒得不能自休。其时新得一友曰白采,既未谋面亦不知其家世,只从他时时邮寄来的凄丽的诗句中,发见他的性情和神态。

老桂两株高与水泥栏干齐,凭栏可近察湖的银容,远挹山的黛色。楼南向微西,不遮月色,故其升沉了无翳碍。有时被轻云护着,廊上浅映出乳白的晕华;有时碧天无际,则遍浸着冰莹的清光。我们卧室在楼廊内,短梦初歇,每从窗棂间窥见月色的多少,便起来看看,萧萧的夜风打着惺忪的脸,感到轻微的瑟缩。静夜与明湖悄然并卧于圆月下,我们亦无语倦而倚着,终久支不住饧软的眼,撇了他们重寻好梦去。

其时当十三年夏,7月24日,采君信来,附有诗词,而《渔歌子》尤绝胜,并有小语云:"足下与阿环亦有此趣事否?"所谓"爱月近来心却懒,中宵起坐义思眠",我们俩每吟讽低徊不能自己。采君真真是个南国"佳人"! 今则故人黄土矣! 而我们的前尘前梦亦正在北地的风沙中飘荡着,沉埋着。

江南苦夏,湖上尤甚。浅浅的湖水久曝烈日下,不异一锅温汤。白天热固无对,而日落之后湖水放散其潜热,夹着凉风而摇曳,我们脸上便有乍寒乍热的异感。如此直至于子夜,凉风始多,然而东方快发白了,有酷暴的日头等着来哩。

杭州山中原不少清凉的境界,若严格的说西湖,避暑云何哉,适得其反。且不论湖也罢,山也罢,最惹厌而挥之不去的便是蚊子。好天良夜,明月清风,其病故也尤甚。我在以下说另一种的眠月,听来怪甜蜜,钩人好梦似的。却不要真去做梦,当心蚊子(我知道采君也有同感的,从他的来信看出来)!

月影渐近虚廊,夜静而热终不减,着枕汗便奔涌,觉得夜热殆甚于昼,我们睡在月亮底下去,我们浸在月亮中间去。然而还是困不着,非有什么"不雅之闲"也,(用台湾的典故)尤非怕煞风景也,乃真睡不着耳。我们的小朋友们也要玩月哩。榻下明晃晃烧着巨如儿指的蚊香,而他们的兴味依然健朗,我们其奈之何! 正惟其如

此,方得暂时分享西子湖的一杯羹和那不用一钱买的明月清风。

碧天银月,亘古如斯。陶潜、李白所曾见,想起来未必和咱们的很不同,未来的陶潜、李白们如有所见,也未必会是红玛瑙的玉皇御脸,泥金的兔儿爷面孔罢。可见"月亮怎么啦"实具颠扑不破的胜义,岂得以老妈子之言而薄之哉!

就这一端论,千万年之久,千万人之众,其同也如此其甚。再看那一端,却千变万化,永远说不清楚。非但今天的月和昨天的月,此刹那和彼刹那的月,我所见,你所见,他所见的月……迥不相同已也;即以我一人所见的月轮,亦缘心象境界的细微差别而变,站着看和坐着看,坐着看和躺着看,躺着清切地看和蒙眬地看,蒙眬中想看和不想看地看……皆不同,皆迥然不同。且决非故意弄笔头。名理上的推论,趣味上的体会,尽可取来互证。这些差别,于日常生活间,诚然微细到难于注意,然名理和趣味假使成立,它们的一只脚必站在这渺若毫芒、分析无尽的差别相上,则断断无疑。

我还是说说自己所感罢。大凡美景良辰与赏心乐事的交并(玩月便是一例),粗粗分别不外两层:起初陌生,陌生则惊喜颠倒;继而熟脱,熟脱则从容自然。不跑野马,在月言月。譬如城市的人久住鸽子笼的房屋,一旦忽置身旷野或萧闲的庭院中,乍见到放眼生辉的一泓满月。其时我们替他想一想,吟之哦之,咏之玩之,手之舞之,足之蹈之,都算不得过火的胡闹。他的心境内外迥别,蓦地相逢,俨如拘挛之书生与媚荡的名姝接手,心为境撼,失其平衡,遂没落于颠倒失据、倘悦无措的状态中。《洛神赋》上说:"予情悦其淑美兮,心震荡而不怡。"夫怡者悦也,上曰悦,下曰不怡,故曹子建毕竟还是曹子建。

名姝也罢,美景也罢,若朝昏厮守着,作何意态呢!这是难于解答的,似应有一种极平淡,极自然的境界。尽许有人说这是热情的衰落,退潮的状态,说固言之成理,我不想去驳它。若以我的意想和感觉,惟平淡自然,才有真切的体玩,自信也确非杜撰。不跑野马,在月言月。身处月下,身眠月下,一身之外以及一身,悉为月华所笼络包举,虽皎洁而不睹皎洁,虽光辉而无有光辉。不必我特意赏玩它,而我的眠里梦里醉时醒时,似它无所不在。我的全身心既浸没着在,故即使闭着眼或者酣睡着,而月的光气实渗过,几乎洞彻我意识的表里。她时时和我交融,它处处和我同在,这境界若用哲学上的语调说,是心境的冥合,或曰俱化。——说到此,我不禁想起陶潜的诗来:"采菊东篱下,悠然见南山。山气日夕佳,飞鸟相与还。此中有真意,欲辩已忘言。"何谓忘言的真意,原是闷葫芦。无论是什么,总比我信口开河强得多,古今人之不相及如此。

"玩月便玩月,睡便睡。玩月而思睡必不见月,睡而思玩月必睡不着。"这多干脆。像我这么一忽儿起来看月,一忽儿又睡了,或者竟在月下似睡非睡地躺着,这都是傻子酸丁的行径。可惜采君于来京的途中客死于吴淞江上,我还和谁讲去?

我今日虽勉强追记出这段生涯,他已不及见了。他呢,却还留给我们零碎的佳句,每当低吟默玩时,疑故人未远,尚客天涯,使我们不至感全寂的寥廓,使我们以肮脏的心枯干的境,得重看昔年自己的影子,几乎不自信的影子。我,我们不能不致甚深的哀思和感谢。

虽明明是一封无法投递的信,但我终于把它寄出去了! 这虽明明是一封无法投递的信。

短短的一篇文章,既描写景色,又回忆了故友,更畅谈了人生哲理。文章情景交融,寄理于情,在景色中抒情,在感情中获得思想的升华。其他的如内容之丰富,语言之灵活,思想之跳跃,令读者回味无穷。

1. 你能理解文中"心境的冥合"吗?
2. 文中作者对白采有着怎样的感情?
3. 文末作者为什么再次强调这"虽明明是一封无法投递的信"? 表达了作者怎样的感情?

赏　月

◆涂愺庸

> 月亮,确乎是女性!美的女性。这里面,确乎应该有一个广寒宫,应该有一个嫦娥,让我们瞻仰,让我们思慕。

到了中秋,照例应该赏月,我也来赏一回月。

凭着三楼的窗槛望去,月亮确是十分皎洁,美丽,白嫩,发珠光,带宝气。里面若有宫殿,真配给嫦娥居住。那丰满的一轮,原就好比嫦娥:一个美人的脸庞儿。

月亮,确乎是女性!美的女性。这里面,确乎应该有一个广寒宫,应该有一个嫦娥,让我们瞻仰,让我们思慕。

然而,科学家说:月亮的世界,实际上并不如此。因为月面没有空气,所以月世界里没有森林,没有花草,没有虫鱼鸟兽,当然没有广寒宫;没有人类,没有一切生命,当然也没有嫦娥。

这是多么遗憾啊!而且,那时候,嫦娥到底飞升到哪里去了呢?也许误触了月面上的山岳,送了命吧?也许因为月球上面没有空气,窒息死了吧?也许没有飞到月球,就坠下了吧?总之,这个美人,是不知下落了。为她设想,对于偷吃灵药一事,确乎是应该后悔的。

然而,那个没有空气、没有生命的月亮,却为什么显得这样皎洁,这样美丽,令人瞻仰,令人思慕,恰像一个美的女性呢?

也许,正惟其没有空气,没有生命,所以才显得这样美丽。拜伦的诗中,不是有过这样的话吗:"蒙络着茑叶的废墟的古塔,全身颇觉苍翠而新鲜。但接近一看,茑叶下面,却是灰色的坏壁。故废墟总是废墟,而外观不过是外观。"

外观美丽而实质恶劣,原是常有的。就说女性,类乎月亮的也何其多也。然而,我们的眼睛多容易被外观所欺啊!

本意是赏月,结果却起了这样的感想。不觉兴味索然了。回到案头,在电灯光下读《饮水词》,因刚才的感触,集句成七律一首:

"小阑干外寂无声,一片伤心画不成;辛苦最怜天上月,留将颜色慰多情。"啊啊,这样的,又过了一个中秋了。

作品题为《赏月》,却没有细致描绘赏月时所见的美妙景色,而是抒写赏月时的遐思感想。作者一反常道,把月亮作为批评的对象,令人顿觉耳目一新,启发人们要以不同以往的眼光来看待周围的事物。

1.古往今来,月亮引发了许多文人骚客的无限情思。你知道哪些名人咏月的诗词?

2.作者用批评的眼光赏月给人怎样的启示?

杏 黄 月

◆张秀亚

> 月光又更亮了一些,杏黄色的,像当年她穿
> 的那件衫子,藏放在箱底已多久了呢,她已记不
> 清了。

　　杏黄色的月亮在天边努力地爬行着,企望着攀登树梢,有着孩童般的可爱的神情。

　　空气是炙热的,透过了纱窗——这个绿色的罩子,室中储蓄了一天的热气犹未散尽,电扇徒劳地转动着。桌上玻璃缸中的热带鱼,活泼轻盈地穿行于纤细碧绿的水藻间,鳞片上闪着耀目的银光——这是这屋子中惟一出色的点缀了,这还是一个孩子送来的,他的脸上闪烁着青春的光彩,将这缸热带鱼放在桌子上:

　　"送给你吧!也许这个可以为你解解闷!"

　　鱼鳞上的银光,在暮色中闪闪明灭,她想,那不是像人生的希望吗?闪烁一阵子,然后黯然了,接着又是一阵闪光……但谁又能说这些细碎的光片,能在人们的眼前闪耀多久呢?

　　杏黄月渐渐地爬到墙上尺许之处了,淡淡的光辉照进了屋子,屋子中的暗影挪移开一些,使那冷冷的月光进来。

　　门外街上的人声开始嘈杂起来,到户外乘凉的人渐渐地多了,更有一些人拥向街口及更远的通衢大道上去,他们的语声像是起泡沫的沸水,而隔了窗子,那些"散点"的图案式的人影,也像一些泡沫:大的泡沫,小的泡沫,一些映着月光的银色泡沫。一些隐在黯暗中的黑色泡沫,时而互相地推挤着,时而又分散开了,有的忽然变大了,闪着亮光,有的忽然消灭了,无处追寻。

　　忽然有个尖锐而带几分娇慵的声音:

　　"月亮好大啊,快照到我们的头顶上了。"

　　接着是一阵伴奏的笑声,苍老的,悲凉的,以及稚气的,近乎疯狂的:

　　"你怕月亮吗?"

　　玻璃缸中的热带鱼都游到了水草最密的方向去了。

　　街上的嘈杂的人语声、欢笑声,暂时沉寂了下来。

　　谁家有人在练习吹箫,永远是那低咽的声音,重复着,重复着,再也激扬不起来了。

月亮也似仍在原来的地方徘徊着,光的翅翼在到处扑飞。

门外像有停车的声音,像是有人走到门边……她屏止了呼吸似的听着。

那只是她耳朵的错觉,没有车子停下来,也没有人来到门前,来的,只有那渐渐逼近的月光。

月光又更亮了一些,杏黄色的,像当年她穿的那件衫子,藏放在箱底已多久了呢,她已记不清了。

没有开灯,趁着月光她又将桌子上的那封老同学的信读了一遍,末了,她的眼光落在画着星芒的那一句上:

"我最近也许会在你住的地方路过,如果有空也许会去看看你。"

也许……也许……她脸上的笑容,只一现就闪过去了,像那些热带鱼的鳞片,倏然一闪,就被水草遮蔽住了。

水草!是的,她觉得心上生着丛密的水草,把她心中那点闪光的鳞片,那点希望都遮住了。

她快快地将信叠起,塞在抽屉底一些旧信中间。

那低咽的箫声又传来了,幽幽的,如同一只到处漫游的光焰微弱的萤火虫,飞到她的心中,她要将它捕捉住……对,她已将它捕捉住了,那声音一直在她的心底颤动着,且萤火虫似的发着微亮。

她像是回到了往日,着了那件杏黄的衫子轻快地在校园中散步,一切像都是闪着光,没有水草……是的,一切都是明快朗丽的,没有水草在通明的水面上散布暗影,年轻的热带鱼们在快活地穿行着,于新鲜的清凉的水里,耳边、窗外、街头没有嘈杂的声音传来。那些女孩子们说话的时候,也没有这么多的"也许,也许",她们只是写意地在那园子里走着,欣赏着白色花架上的茑萝,一点儿一点儿的嫣红的小花,"像是逸乐,又像是死亡"。她记得她们中间有一个当时如是说。那是向着那盛开的茑萝,向着七月的盛夏说的,其实什么是逸乐什么是死亡,她那时根本不了解,也因为如此,觉着很神秘,很美。她想,她永远不会了解前一个名词的意义了。

她睁开眼睛,又大又圆的月亮正自窗外向她笑着,为她加上了一件杏黄的衫子,她轻轻地转侧:

"一件永不褪色的衫子啊。"

月光照着桌子上的玻璃鱼缸,里面的热带鱼凝然不动,它们都已经睡去了,在那个多水草的小小天地里。

箫声已经听不见了,吹箫的人也许已经睡了,呜咽的箫已被抛弃在一边,被冷落在冷冷的月光里。

夜渐渐地凉了,凉得像井水。夜色也像井水一样,在月光照耀不到的地方作蔚蓝色,透明而微亮的蓝色。

她站在窗前,呼吸着微凉的空气,她觉着自己像是一尾热带鱼,终日在这个缸里浮游着,画着一些不同的圆,一些长短大小不同的弧线。

她向着夜空伸臂画了一个圆圈,杏黄色的月亮又忍不住向她笑了,这笑竟像是有声音的,轻金属片的声音,琅琅的。

文章写了主人公"她"于青春远逝,朋友离去后,孤独寂寞地在月色中回忆往昔。"杏黄月"既是文章的线索(月景的描写贯串全文)又有象征意味,喻示着"她"已逝的美丽青春。

1.文章以"杏黄月"为题有什么深刻含义?

2.本文用了触景生情的写法,在文中具体表现为采用了不少新鲜的比喻来形容景物,试举例说明。

黎　明

◆郭嗣汾

东方的彩霞慢慢穿过空旷的穹空和海面,穿过天边层层的黑暗,渐渐地浓了。最初是暗黄、殷红,然后逐渐显明,在遥远的天边,绚丽夺目,闪耀着金色的光芒。那胶着在海面上的雾,那一重重淡淡的轻纱,那厚墙,都渐渐地消失了。

在海上,黎明是被所有人欢迎的时刻。

从风暴中驶出,从无边黑暗中驶出,从怒海中驶出,黎明对于航海人是希望,是光明,是信心。

漫漫长夜终于过去了,宇宙逐渐从黑暗中解脱出来,天边仍然是无比的黑暗,但是从东方的海底升起光明;朵朵红霞从水平面上长起,像是前一天黄昏时落入海中的云霞的复活。

彩霞逐渐升高,很快地,却又没入白色的浓雾中了。雾,永远是那么淡漠、那么固执地笼罩在海面上;在近处,它像是无数层的轻纱,淡得不可捉摸地存在着,朦胧隐现地呈现在眼前;稍远,它变成了一层柔软的墙,遮着水平线上的一切,再过去,再过去便什么都看不见了。

四周,显得无比的空旷,出奇的平静,在这时候,我曾想到宇宙的伟大,自然的神奇!轻轻地抖落夜来积在身上的露珠,然后深深地吸进一日清新的空气,我带着几分虔敬的心情注视着东方,迎接新的一日的诞生。

东方的彩霞慢慢穿过空旷的穹空和海面,穿过天边层层的黑暗,渐渐地浓了。最初是暗黄、殷红,然后逐渐显明,在遥远的天边,绚丽夺目,闪耀着金色的光芒。那胶着在海面上的雾,那一重重淡淡的轻纱,那厚墙,都渐渐地消失了。

海上,不再寂寞,映在海水中的繁星早已隐去,航行的船带着夜来的露水出现在眼前;在远海,出现在海平面上的是一对对渔船;航海人的朋友——海鸥也出现了,它们在彩霞中飞着,翻飞在蓝天白云间,翻飞在湛蓝和雪白的海波浪花之间。我似乎还记得它们前一天背负着彩云归去,现在,它们又回来了,它们飞翔在船边,栖息在海波上,有的在船的甲板上落下几片淡淡的羽毛……

海鸥,使我想到美,想到爱,想到生命的纯洁,升华了情感。在早晨清新鲜洁的空气中,我感到的是生命的欢悦幸福,我的情感有如梦里的无羁,随着彩霞升起,随着海鸥翱翔……

我忽然希望有人分担我的这份幸福的感觉,我想把这喜悦寄到远方,我强烈地想起远方的朋友!他可曾起身吗?在此时,他做些什么事呢?

海鸥不会为我带去音讯,彩霞也不会告诉我什么。但是愈来愈鲜明的穹空,使我相信它会和我一样地享受着温暖与光明,喜悦与幸福。

太阳升起来了,东方的万道朝霞,把它从翻腾的海水中捧出,带着它无限的热,无限的光明,再来到人间。一天开始了。

船在像正燃烧着似的海面上静静地前进,我知道在航程前面,也将充满了光明和希望。

心灵体验

《黎明》一文所写的只是彩霞、浓雾和海鸥这些寻常景物,没有烘托渲染,没有夸张铺陈,却自有一种朴素自然的魅力。作者从自己的感受出发,如实记录了一次海上日出和当时的所感所思,没有深刻的旨意,也未用象征手法,但是却充盈着一种对生活的挚爱和美好意趣。

放飞思维

1.海上的黎明有什么特别之处?作者是怎样描摹黎明时的彩霞、浓雾和海鸥的?

2.说一说作者对黎明到来的所思所感,这些感慨反映了作者怎样的思想感情?

海　霞

◆未　凡

　　海霞挽住夕阳的手臂,/只愿黑夜和沉寂且慢降临!

你是大海头上的纱巾,
你是渔人脚下的彩锦,
你是光明和美的精灵,
失望者从你身上找到了信心!

那一张张宽大的渔网,
正奋力捕捞失去的青春,
海霞挽住夕阳的手臂,
只愿黑夜和沉寂且慢降临!

心灵体验

这是首咏物感怀之作。诗作通过吟咏海霞意象,抒写胸中块垒。海霞身上,寄托了诗人的人生理想与抱负。从某种意义上说,海霞就是诗人,换言之,诗人已与海霞同化,物我交融,难辨是咏物,还是感怀。

放飞思维

1.第一节三个比喻从哪几个角度揭示了海霞之美?"失望者从你身上找到了信心"一句有什么含义?

2.找出第二节的比喻句,说说这个比喻句的作用。

3.这首诗抒发了诗人怎样的情怀?

夜　　语

◆艾 雯

> 我凝视着月亮，月亮也投射它柔和的光辉在
> 我身上。默默伴着我的是自己的影子，不知为什么
> 月光下的影子显得瘦弱伶仃。

如果白日教人以勤劳，那么黑夜便告诉人静思。白天里被那些琐碎、繁冗的俗务搅乱了思想，就像一池激动混浊的池水，在晚上平静下来慢慢地澄清了。

人也只有在那一刻澄清时，映出了真正的自己。没有披世故的外衣，没有带虚伪的面具，有人认为白天的自己是做人成功的一面，而晚上的自己是比较可爱的一面。我不知道你喜欢哪一面？而我自己，却是宁取后者，因此，我不否认，做人，我是属于失败者。

也许，由于我是失败者，也就更偏爱人性那一份真，我珍视每一刻思想上的澄清时，就如我喜欢每一个静夜的来临。

如今，现在，又是个深静的夜晚，窗外的月色遮夺了室内朦胧的灯光，连稿纸上的字粒都显得黯淡呆滞了。我无心再做填格子的工作，搁下笔，熄了灯，悄悄地走出屋子。银色的月光像一片沉寂无波的水，小园是艘绿舟，系在沉寂的窗前，这一刻，窗里的人都已睡着，老人家带着操劳了一天的疲倦，年轻的拥着一个属于明天的绮梦，孩子的枕畔还搁着那本厚重的升学指导，她们都睡得那么香甜，那么安宁，就像园里那株浴着月光养神的大榕树，和那两株花茎低垂、花瓣微合的玫瑰和百合，在这样的深夜，梦之神用她透明的双翼遮庇着一切生物的深夜，只有我尚未入睡，独坐台阶上抱膝望月。还有你，你还没有回来，也不知又是被永远开不完的会羁留了，抑或是为那些应酬不完的应酬所耽住。宛似那蜘蛛有一辈子吐不尽的丝，织不完的网，仿佛你就有那许多忙不尽的工作和应酬。我忽然想起了一篇叫"缀网劳蛛"的文章。内容已记不清了，但那个题目"缀网劳蛛"却给人留下了很深的印象，你说，蜘蛛无休无止地只在网上穿网织补，究竟是聪明的举止还是有点儿傻呢？

聪明或傻，人类心里似乎还缺少那么一座公平的天平，没有一个聪明人会认为自己在做傻事，也没有一个傻子会觉得自己做的不是聪明事。

其实在皎洁的月光下想这些，说这些，不也不够聪明嘛！白昼，人与现实纠缠在一起，已耗尽了精力，晚上，尤其是在月光下，为什么不想些属于心灵的、美好而

缥缈不可捉摸的事物！能够忘掉一会儿现实，世界会变得美丽一些，也宽广一些。也许你会说：人活着是不能脱离现实的，就像草木不能离开泥土一样。是的，我不否认这一点，但是草木除了在土里扎根，它们也吸收阳光来丰富生命，吸取雨露来润泽青春。还有朝岚晚霞，月色星光，渲染得一片绚丽，人又为什么不能在现实生活之外，有一点儿美，有一点儿诗和梦！除非是心灵沉浊了。由于尘垢的淤积，灵魂酣睡了——在那自满的厚褥上。

月亮升得更高，晶莹玲珑，却不是浑圆，不晓得今夕是农历十二、十三，抑是十七、十八，而我总是比较喜欢于前者的月亮。十五的月亮是圆的，圆代表着完整、圆满，也象征着完成和满足，已经是完成了、满足了，便没有什么需要增添，需要期待，需要追求；这宛如人生攀上了成功的高峰，一阵高兴，一阵自豪，时间逝去，却也就日趋平淡。那成功的绚烂日渐失去光彩，就像十七、十八的下弦月，一天一天削减、消失，而十二、十三那待圆未圆的月亮，寓有希望、寓有期待，人生不全由于"希望"和"期待"，才奋斗下去，活下去！

我凝视着月亮，月亮也投射它柔和的光辉在我身上。默默伴着我的是自己的影子，不知为什么月光下的影子显得瘦弱伶仃，怯怯地依着我仿佛夜凉不胜寒。在这样幽静的月夜，说话常常是多余的。高谈阔论显得蠢，谈生活上的琐事显得寒碜，谈事业沉重了些，谈学问有点嫌酸，谈风花雪月又显得轻浮，彼此心灵偎依、气息相投的挚友共赏明月，共享月夜那一份清幽超尘的气氛，那么默默相随的影子，该是最好最忠实的友伴了——我悄然回顾，影子默然，我也无语，只有凉风吹落三五片树叶，吹散一地花影，夜更深了。

有一辆单车经过门外的小巷，静寂中越显出车轮碾着石子碰破的声响。伏在我脚下的狗警觉地竖起了耳朵，但嗞嗞声远了，它又松懈地垂下耳朵，把头伏在石阶上安然睡去。不一会儿喉咙头发出低低的呜呜声，四肢微微抽搐，它也在做梦呢，不知是梦着奔驰在它祖先发源的荒山深谷，抑是为一块骨头在打架。我轻轻拍着它的头，它便不响了，一只萤火虫打从它身前飞过，在一丛草上，不住打着它的小灯笼一闪一闪照亮它选择的眠床，突然在一黑之后便不再亮了，想来已熄灯安息，很轻微、很幽细的，一双蟋蟀开始奏起了安息曲。

小园幽僻的一角，月光照不透簇拥着的三五株树丛涵满了阴影，在满园明澈如水的情调中，独显得森严、肃穆。我望着望着，但觉自己澄清如水的思念上，也不知不觉轻轻笼上一阵阴影，是寂寞吗？抑是别的，我不喜欢它，我更不能让它扩展，遮掩了一切，我需要思想上的另一阵清风，把它吹散，把它拂除，于是，我从冰凉的台阶上站了起来，才发觉衣襟已被夜露沾湿了。

小巷里依然没有车声或脚步声。但我不想再为等待而等待。

　　我悄悄地回到屋子里,悄悄地开亮台灯,重又执起笔来,趁着这一刻澄清,我还得把我心灵的声音,谱入字句,填入格子。我将一分一秒,用笔尖刻画掉漫漫长夜。

　　本文刻画了一位深夜等候丈夫归来的妇女的心境。艾雯是位女作家,她以女性特有的细腻,表现了在晶莹剔透的月色之下,一个孤独的灵魂,一个缠绵的、复杂的感情世界。作者以内心独白的形式,把心扉袒露,把感情的闸门敞开,使缠绵的更缠绵,使复杂的更复杂。

　　1.文章具有高雅、含蓄的韵味。作者是怎样通过文中妇女刻画这种韵味的?
　　2.躁动、期盼和失望,构成了本文的感情波澜。找出文中排解这些情感的句子。

抬 头 看 云

◆张丽钧

　　　　好白的云,好美的云。就在我的头顶上,悄然
　　无声地上演着一幕多么精彩美妙的剧啊!

　　那天骑车走在路上,突然发现前面一辆出租车的后玻璃装饰得十分考究,那曼妙灵动的纹路,似花还似非花,一漾一漾的,让人的心旌也跟着摇荡起来。我快骑几下,试图看清那究竟是些什么图案。吱——前面一个紧急刹车,我自行车的前轱辘差点顶住了那辆车的尾灯。我惊惶地叫了一声,同时看清了那勾走我眼波的所谓花纹,居然是车玻璃反射的天上的云彩!

　　我自嘲地笑着,索性跳下自行车,举头望天,全心全意地看起云来。

　　好白的云,好美的云。就在我的头顶上,悄然无声地上演着一幕多么精彩美妙的剧啊!

　　为什么我的步履总是那么匆遽?我的鞋子上蒙着一层细尘,我的履底无缘阅读洁白美丽的云朵。这双眼睛在追逐着什么?这颗心儿在遗忘着什么?如果不是

借着一方玻璃的提醒,我是不是就不再记得头上有一个可供心灵散步的青天?

"妈妈,这个阿姨看云呢?"

我被一个响亮的童声惊动了。循声望去,见一位母亲正用力地推搡一个五六岁的小男孩——显然这位母亲是在怨责她的孩子用一句冒失的话冒犯了我这个陌生人。我心里咯噔一下,想,在我举头望天的时候,我一定成了路人张望指点的对象,他们会说我痴说我呆,他们在心里讲着同情我哀怜我的话语,甚至还可能会为自己敏锐的洞悉而沾沾自喜。然而,他们全错了,只有这个纯真的孩子猜透了我,说穿了我。

亲爱的孩子,我小小的知音,你相信吗,在这个喧闹的世界上,有许多事情真的并不比看云更重要。如果你愿意,就请和我站到一起,让我指给你看吧,天上——开着那么多那么多上帝来不及摘走的花啊⋯⋯

心灵体验

按日程表生活是乏味的。在劳碌中,别忘了放飞自己的心情;在奔走中,别忘了停下来欣赏身边的美。生活每天都在向我们展示它的神奇和美妙,只要我们拥有一颗敏感善思的心,我们一定会在平凡中发现美,感悟美,享受那蕴藏其中的美好的生活情趣的。

放飞思维

1. 为什么只有这个小孩能懂得"我"?

2. 在忙碌、乏味的现代生活中,我们应该以怎样的心境来享受生活?

　　这只是大海的一角。更辽
阔的大海还在前面。人类还不
到唱赞歌的时代。向前，向前，
去迎接新的浪潮到来。

江海走笔

　　一阵阵雷鸣般的怒吼声中,一团团水雾升腾。不见飞瀑,不见深渊,眼前只有黄色的巨涛铺天盖地而来,翻腾、撕咬、异常狂暴……

　　黄河,我不知道你为什么这样。

说几句爱海的孩气的话

◆冰 心

> 海是蓝色灰色的。山是黄色绿色的。拿颜色来
> 比，山也比海不过。蓝色灰色含着庄严淡远的意
> 味，黄色绿色却未免浅显小方一些。

白发的老医生对我说："可喜你已大好了。城市与你不宜，今夏海滨之行，也是取消了为妙。"

这句话如同平地起了一个焦雷！

学问未必都在书本上。纽约，康桥，芝加哥这些人烟稠密的地方，终身不去也没有什么。只是说不许我到海边去，这却大使我伤心了。

我抬头张目地说："不，你没有阻止我到海边去的意思！"

他笑说："是的，我不愿意你到海边去，太潮湿了，于你新愈的身体没有好处。"

我们争执了半点钟，至终他说："那么你去一个礼拜罢！"他又笑说，"其实秋后的湖上，也够你玩的了！"

我爱慰冰，无非也是海的关系。若完全的叫湖光代替了海色，我似乎不大甘心。

可怜，沙穰的六个多月，除了小小的流泉外，连慰冰都看不见！山也是可爱的，但和海比，的确比不起，我有我的理由！

人常常说"海阔天空"。只有在海上的时候，才觉得天空阔远到了尽量处。在山上的时候，走到岩壁中间，有时只见一线天光。即或是到了山顶，而因着天末是山，天与地的界线便起伏不平，不如水平线的齐整。

海是蓝色灰色的。山是黄色绿色的。拿颜色来比，山也比海不过。蓝色灰色含着庄严淡远的意味，黄色绿色却未免浅显小方一些。固然我们常以黄色为至尊，皇帝的龙袍是黄色的，但皇帝称为"天子"，天比皇帝还尊贵，而天却是蓝色的。

海是动的，山是静的。海是活泼的，山是呆板的。昼长人静的时候，天气又热，凝神望着青山，一片黑郁郁的连绵不动，如同病牛一般。而海呢，你看她没有一刻静止！从天边微波甜甜的直卷到岸边，触到崖石，更欣然的溅跃了起来，开了灿然万朵的银花！

四围是大海，与四围是乱山，两者相较，是如何滋味，看古诗便可知道。比如说海上山上看月出，古诗说："南山塞天地，日月石上生。"细细咀嚼，这两句形容乱山，形容得极好，而光景何等臃肿，崎岖，僵冷！读了不使人生快感。而"海上生明月，天涯共此时"也是月出，光景却何等妩媚，遥远，璀璨！

原也是的，海上没有红、白、紫、黄的野花，没有蓝雀，红襟等等美丽的小鸟。然而野花到秋冬之间，便都萎谢，反予人以凋落的凄凉。海上的朝霞晚霞，天上水里反映到不止红白紫黄这几个颜色。这一片花，却是四时不断的。说到飞鸟，蓝雀、红襟自然也可爱。而海上的沙鸥，白胸翠羽，轻盈地飘浮在浪花之上，"凌波微步，罗袜生尘"，看见蓝雀、红襟，只使我联忆到"山禽自唤名"。而见海鸥，却使我联忆到千古颂赞美人，颂赞到绝顶的句子，是"婉若游龙，翩若惊鸿"！

在海上又使人有透视的能力，这句话天然是真的！你倚栏俯视，你不由自主地要想起这万顷碧琉璃之下，有什么明珠，什么珊瑚，什么龙女，什么鲛纱。在山上呢，很少使人想到山石黄泉以下，有什么金银铜铁。因为海水透明，天然的有引人们思想往深里去的趋向。

简直越说越没有完了，总而言之，统而言之，我以为海比山强得多，说句极端的话，假如我犯了天条，赐我自杀，我也愿投海，不愿坠崖。

争论真有意思！我对于山和海的品评，小朋友们愈和我辩驳愈好。"人心之不同，各如其面"，这样世界上才有个不同和变换。假如世界上的人都是一样的脸，我必不愿见人。假如天下人都是一样的嗜好，穿衣服的颜色式样都是一般的，则世界成了一个大学校，男女老幼都穿一样的制服，想至此不但好笑，而且无味！再一说，如大家都爱海呢，大家都搬到海上去，我又不得清静了！

文章的主题是赞咏大海。作者一开头，借"我"与老医生的对话，表现对海的无限向往之情。接着作者顺着感情的线索，将"山"与"海"进行比较，更将作者爱海之情升华到了极点。最后，说明对山和海的品味因人而异，既使文章不会片面化，又再一次强调作者对海的情有独钟，紧扣了题目。

1.作者从哪几方面将"山"与"海"进行了比较？这种比较有什么作用？

2.文中哪一句话将作者爱海之情升华到了极点？

海 的 颜 色

◆王 蒙

> 不管海是什么颜色,用手搁起,却都无色透明
> 地玲珑剔透,似乎这个海那个海以至与湖泊与江
> 河并无区别。都是水,都是 H_2O 嘛。溶化了的盐也
> 是没有颜色的。浪花又都那么白,白得叫人心碎。

海是什么颜色的?

提出这个问题,估计多数人回答:蓝的。

什么蓝? 怎样的蓝? 一定是蓝色么?

例如在渤海湾,我就没有获得过蓝海的感受。不论在大连、秦皇岛(北戴河)还是烟台,我看到的海基本上是草绿色的。阴雨天,海是灰蒙蒙的。阴雨天,天与海的色彩最为接近,相互"认同",难分难解。浅海处常见黄褐色,可能是因为那里的沙滩是金黄色的原故,浅海处因为涨潮退潮,因为风浪,因为游泳的人的折腾,把沙翻上来,便黄了,而遇到大风浪,便成了红褐色。风浪特大的时候,表面是白色的浪花——泡沫,往下是红褐色的海,好像是——用我的语言——麦乳精刚被沸水冲过。

渤海的颜色令人觉得温暖、亲切、随和,叫做"好说好说"。

1982年底至1983年初我去南海,去西沙群岛,那里的海完全不同,那是深深的湛蓝色,阳光下映出一片金紫的光辉。阳光一接触到这样的海面便化作飞舞的金星,十分辉煌。飞鱼在海面上飞行。军舰在海面上行驶。浪花庄严无声。海的颜色神秘、深邃、伟大而又寂静。人们说这种颜色是由于海非常深。确实令人觉得非常深,不可见底。这深深的蓝色令人肃然起敬。

我觉得这才是真正的原貌的海。

1987年我去意大利西西里岛的首府巴勒莫,去那里的蒙德罗区,我有机会几次下海游水。海滩的沙子全是白色的(是珊瑚沙么?我国南海诸岛的沙子也是白色珊瑚沙)。海水则是纯净天蓝的、晶莹的、明亮的、无瑕的、欲滴的;我要说是少年人的天蓝如玉,令人爱不释手;令人不忍前去劈水前游,令人欢海而醉,流连难舍。在这样的水里游泳的时候,可以隔着海水看到海底白沙的一切形状和纹络,似乎比不隔水(即通过空气)还看得清清楚楚。只是游到深处的时候,往下一看,一片漆黑,漆黑中似有几根乱草在水中浮动,不由得汗毛倒竖起了几根。

55

1989年春季去法国，参加那一年戛纳电影节的开幕式，顺便看了看摩纳哥这个小国的风光。那儿的海也是天蓝的，但似乎比西西里岛附近的策勒尼安海颜色深一些。

不管海是什么颜色，用手掬起，却都无色透明地玲珑剔透，似乎这个海那个海以至与湖泊与江河并无区别。都是水，都是 H_2O 嘛。溶化了的盐也是没有颜色的。浪花又都那么白，白得叫人心碎。

这是一篇关于海的文章。作者没有详细描绘海的各种壮阔雄浑的景观，而是选取其中一个角度——海的颜色，来进行对海的绘写。作者选取的角度较小，抓住重点，突出特点，于三言两语之间给人以深刻印象。

1.文章开头，作者用了一连串的提问，这样写有什么好处？

2.文章写了哪几个地方海的颜色？其中哪些是详写？哪些是略写？

3.仔细体会作者是怎样表现前三个海的不同风格的？

在 海 边

◆斯 妤

现在，我面对北方这恢宏、壮阔的大海，灵魂突然一阵战栗。大连的海域是如此广袤，如此苍茫，如此灰暗滞重、阴郁沉雄。

我是一个生在海边，长在海边的人。厦门岛四周的海水湛蓝澄碧，温婉妍丽，那近乎透明、终日涌动不息的蓝色衬着岛上西式建筑的红砖绿瓦，还有散立在海滨山坡的芭蕉、椰树、凤凰、木棉，孕育、滋养了一个又一个诗人、音乐家，也使岛上的男子汉们日追一日地慷慨热情。这是南方的海，我故乡的海，终日奔涌喧哗着阳光的海。我曾是那片海的女儿，它那湛蓝得近乎神奇的宽广怀抱，培育了我最初的温婉深情，明媚清丽。

然而，丧失温馨情怀仿佛有一万年之久了。这丧失是否和背井离乡，长期漂游在凛冽的北方有关?

现在,我面对北方这恢宏、壮阔的大海,灵魂突然一阵战栗。大连的海域是如此广袤,如此苍茫,如此灰暗滞重、阴郁沉雄。当海浪雄狮怒吼般地朝岸边席卷而来时,我感受到的不是人类的伟岸,生命的欢乐,而是宇宙的无限,自然的浩荡,造物主的神秘与威严。

还有时间那亘古不变的循环、流转,人类命运的瞬息万变,无以把握,空间的浩荡连绵,无始无终,这一切,透过脚下这蓄积着原始伟力的海浪朝我呼啸而来时,我心里突然涌起了无尽的乡愁!

我想要那温柔妩媚的湛蓝吗? 我想要那奔涌喧哗的阳光吗? 我想要那玲珑美丽的故乡来抚慰我,庇护我吗?

是的,我想要梦幻来对抗现实,我想要善良的虚假来抵御严酷的真实。我愿意抛弃清醒,明敏,透彻,重新回到懵懂无知,混沌盲目。

然而人类已无法回到童年。

在名震中外,号称"神力雕塑公园"的金石滩,造物主又一次让我嗒然无语,惶惶不安。

一堵由紫色、白色、灰色条纹相杂而成、浓缩了亿万年宇宙沧桑的叠层石灰岩耸然出现在我们面前。岩石是6亿年前海洋藻类生物化石而成。巨大而斑驳的断层上,一片莽莽苍苍,凹凸嶙峋。6亿年的时光熔铸了它的苍茫,无数海底生命造就了它的丰厚。时光使生命变成了石头,生命又使时光得以凝聚。

然而生命毕竟变成了石头。

同伴们纷纷在这巨型化石前留影,因为这是著名的"天下奇石"(美国地学部主席柯劳德语),是世所罕见、地球上不可再生的瑰丽景观。我也怯生生地走过去,在摄影师按下快门的一刹那,做出了一个怯生生的笑容。

我知道照片冲洗出来后,那巨石会更加奇崛伟岸,而我们这些人类会愈加渺小委琐。我们在它面前将不复天地灵长、宇宙主人了,我们和地球上所有生物一样,只是渺小,脆弱的生灵。

是的,面对这无言耸立着的宇宙沧桑史,我又一次强烈地感到浮沉在漫漫时空中的人类的悲哀。"流逝的不是时间,而是一代又一代的人。"一代又一代的人流逝了,沉积下来的便只有一代又一代灵魂对战胜时间、建立不朽的永恒渴望。

希腊神话里有位坚定的西绪弗。诸神处罚他,让他不停地将一块巨石推上山顶,而石头由于自身的重量又滚下山去。明知无效无望,但西绪弗日复一日,迈着坚定的步伐下山,将巨石又一次推上山顶。

汽车终于驶上风光旖旎的滨海路。这条依山傍海逶迤而行的公路是近年才开通的。据说这是全国最长的滨海公路，一共蜿蜒 30 里。我不知它是否真是全国最长(大连这座城市很独特，它有许多全国之最)。但它所展现给我的，确是最新鲜、最独特的。

海风刚烈而强劲地刮，仿佛把我们的面包车当成了待举的风帆，一定要把它吹灌得满满，张扬得高高的才肯住手。滔滔黄海在前，郁郁青山在后(被车抛到了身后)，大海以永不止歇的热情呼啸着，奔腾着，凌厉强悍的北方气息灌满了整条公路，弥漫在每个人心头。汽车疾驶着，树木飞掠而过。涛声时远时近，时远时近，一片坦荡无垠中，突然转出一弯苍翠，又一弯苍翠，然后"哗"地一转，一片坦坦荡荡的海滩拥着一片汹汹涌涌的海浪出现在眼前。远处近处，偶尔冒出几座红砖小楼，像是在倔强地显示人类的意志。而左侧的青山，则时坐时卧地逼视着这一切，仿佛它也不肯袖手旁观，只要稍有动静，它便会"嚯"地耸立起来，慷慨激昂地参与这个世界的事务……

盘旋在逶迤的滨海路，我更多地感觉到了人类的气息。日月闲闲，宇宙浩浩，人类除了仿效那明知虚妄仍旧坚定仍旧义无反顾的西绪弗外，又能怎么样？明知我们无论走过多么漫长的岁月，最终都指向消亡，明知生命有欢乐，更有无尽的劳作和苦难，我们也得迈着"沉重而均匀的脚步"走下去，并且尽可能地使这过程充实、辉煌，充满创造的荣耀。

从海边回到住地，我五岁的儿子突然十分严肃地问我："妈妈，谁能活得比'时候'长？"我被他突兀而犀利的追问所震动，一时竟无言以对。如今想来，这个问题是谁也无法彻底解答的。只有当他长大成人，体味了百态人生，并且终于能够和大自然静静对视，在心里一再问自己："时光流逝，在这过程中一直保有新鲜生命的东西是什么？"时，他才能找到属于自己的答案。

这是一篇颇具哲理情思的散文。作者笔下无论是写南方的海、北方的海，还是写化石岩，都是作者对生命的价值意义进行的一种追问和探索。作品语言雅洁精警，富有文采。

1. 文中写神话英雄西绪弗喻示着什么？
2. 体会这篇文章所包含的哲理。

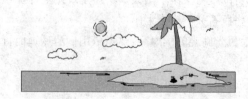

蓝色狂想曲

◆杨 炼

　　帆曾像狂欢的孩子/在大海的泡沫中嬉戏叫
喊/就在那儿，时间鸣响着衰老/我的梦落叶一样
不可挽回地飘零

太阳的影子躺在波浪上
黎明摇着棕榈叶，摇着蓝色的光
从我身边跑来，给每一块礁石
布置洁白的鸽子。就在那儿
夜晚击落飞舞的白鸥。峭壁震颤
发出黑色的回响。就在那儿
寒冷的磷火阴森地摆动
喧嚣的白昼已经死去

我的梦在颤栗的水藻间游荡
天空和大海的胸襟
插满千千万万朵紫罗兰
芬芳的世界从另一个世界敲响
可就在那儿，我留给沙滩的湿漉漉的脚印
被无情的潮汐舔平。就在那儿
夏天的暴风雨疯狂地倾泻
无数的记忆凝结着冰雹的白光
就在那儿，少女们走出金色的贝壳
在清凉的月光下歌唱
天空是美好的，海水是宁静的
但是，秋天最后的星星
却孤寂地闪烁，红色的月亮
像一个浑圆的，八月的橙子
陨落在我心的深渊时，就在那儿
露珠的戒指摔得粉碎

而屋檐下透明的葡萄串在哪儿呢
雪山似的幻想,草地上的天真在哪里呢
就在那儿,一只小船的尸体
静静记载着遥远的风暴
帆曾像狂欢的孩子
在大海的泡沫中嬉戏叫喊
就在那儿,时间鸣响着衰老
我的梦落叶一样不可挽回地飘零

天空是美好的,海水是宁静的
看吧,就在那儿,高高耸立的岩岸上
我的白桦树沉默着
像一根不再抖动的桅杆
世界的色彩在它脚下变幻
就在这儿,在无数飞逝的瞬息之间
它不感谢阳光,也不伴随蝉的忧愁歌唱
只有生长证明着自己的命运

《蓝色狂想曲》由海引起了丰富的联想想像与跃动的意识流程,全篇激情充沛,狂想瑰奇,融浪漫主义与现代主义于一体。它注重意象的创造,可谓意象迭出,一个接着一个。其意象的排列组合,采用了现代派的手法。

1.这首诗意象的正反,色调的明暗都一一构成尖锐的对比,试分析它是怎样进行意象对照的。

2.第四节推出白桦树的意象,说说它的象征意义。

黄河,你在说什么

◆李佩芝

> 黄河,是这样么?你突然凝聚,突然狂暴,突然如斧如剑劈开巨石,向地心涌去,你不羁的灵魂为什么痛苦呢?

一阵阵雷鸣般的怒吼声中,一团团水雾升腾。不见飞瀑,不见深渊,眼前只有黄色的巨涛铺天盖地而来,翻腾、撕咬、异常狂暴……

黄河,我不知道你为什么这样。

从秦晋交界的桥头朝下望,灰白的沙滩,突兀的怪石,错落的青石板,冷寂地袒露在夕照里。近河床中心,裂出一道四五十米宽的深谷,黄河,便在凹陷的床谷中奔流。我有些失望了,黄河怎么啦,什么时候变得这么狭隘,这么幽深,它那浩浩淼淼、天水一色的气度哪儿去了?

在兰州,在银川,在风陵渡,我曾久久地在黄河边伫立。是的,黄河具有我们民族母亲般的骄傲与宽容。它冲荡高原,挟裹泥沙,繁衍着黄帝的子孙。

漫天铺地而来,平缓的湍急,安详的吞蚀,人们已经习惯了这几千年流淌的威势。

近邻的山脉默默后退了许多,映在灰白的天际,淡淡幻出峰峦的剪影。山下亦是沙、石。河床袒露着期待,仿佛只要黄河愿意,什么时候亲近它都可以。河水却贴近陕西,我有一种占有欲的满足,黄河,是我的。

沿山路北折,远远望见一排流瀑,从山西的河滩上跌进峡谷,飞溅着一片乳白色的水雾与浪花。我以为这就是壶口。黄果树瀑布比它娟秀,我想。那儿除了落水时的银白,一切罩在葱绿青翠中。然而眼前是一片苍黄。平日多见了黄河浩荡平和的模样,这一排瀑布便引起我的兴致,然而朋友说,这不是壶口,这只不过是一条支流,一条没有腾入峡谷的寂寞的水流罢了。我觉得亲切了。这支流,不就是黄河的小儿女么?莫非它知道来了个痴迷的旅人,便飞起手臂,扬起柔曼的舞袖?

突然,前面景观大变,一团团冲天的云雾中传出雷鸣般的狂吼,雾后是一排排翻卷着土黄色巨浪的激流,而咆哮的浪涛后,黄河水铺天盖地,涌荡着整个山谷……

语言在此是苍白无力的。我不知道谁能描绘出黄河在这里吞天吐地的刹那情态。一片黄色烈焰，满河滚沸。又似在厮杀、狂搏，被不可知的力量掀腾、席卷，疯狂跌入水雾旋漫的深渊……

黄河，你自由自在，随意流淌，为什么突然在此凝集？天地依旧这么广袤，为什么你要暴怒？你在向人们证明你的力量，还是向上苍倾泻你的激情？

黄河，你使我困惑，使我不安……

涉过很宽一段水流，拉着朋友的手，从一块青石跳下另一块青石，再跳下一个容身一人的水洞，我奔向瀑布。

一阵狂涛卷来，一阵水雾缠绕，一阵暴雨泼过，一阵阵冲动诱惑！我站在水中，雾中，雨里，浪里，灵魂震撼了。我听见天鼓轰鸣，看见地火喷腾，心燃烧起来，感受到一种生与死创造与幻灭的激情。这以前定是混沌纪元，天地由此开辟，万物由此滋生。从这儿，才有日月星辰，才有春夏秋冬，有了你，有了我，有了爱与生命……

面对瀑布，我不复存在，我是一滴水，一缕雾，随黄涛而逝，去寻觅永恒。

古人云：源出昆仑衍大流，玉关九转一壶收；桃浪雨飞翻海市，三鼓鲸鳞敢负舟；鳌头未可寻常钓，除是羽仙明月钩。我昧于古诗，我品不出它的味儿。也许这是时代的隔膜。但我想，古代文人骚客站在此地竟有钓鳌的想像，我的感觉怕是太虚空了！我总以为是漫长崎岖旅途使黄河倦乏了，是沙泥的渗浸使它烦躁；两岸不动声色的荒凉与沉寂，世人不绝于口的颂歌溢词令它愤怒了！它苦闷，它压抑，它要发泄，要狂吼，要惊醒它的儿女……

黄河，是这样么？你突然凝聚，突然狂暴，突然如斧如剑劈开巨石，向地心涌去，你不羁的灵魂为什么痛苦呢？

生命的江流，日夜递嬗。在平静的水面下，有时也有失却热情的淡漠。办公室久坐着，会生出一辈子毫无意义的在纸格上爬行的烦腻。

春风拂过田野清新的气息，便想外出走走，不曾设想什么景色的温柔或辉煌。然而，大自然这般善解人意，我面对黄河瀑布，突然感悟到一股生命的激情在深心处勃发。黄河，你毕竟爱你的女儿啊！

脚下的青石板，奔泻着道道清流。这里没有挤进壶口去的平静下来的河水，它像山泉般晶莹清澈了。一个个小如茶杯，大如水瓮的圆洞，或直或斜直伸石底，在河床上奇怪地散步着。我探下手臂，猛感到一股巨大的引力，直向下拽，我忙拉住朋友的手，心怦怦跳着，我感受到水流的力量了。一个人自然是渺小的，在大自然神奇的生命力面前，一个人更微不足道。生存的意义使生命真实，说什么是是非非,宠辱得失,也许人生有些创造犹如黄河漩在河床上的洞穴,虽不复平舒,但江流的生命不会静止……那几个漂流黄河的男子,就是大写意的生命!

你体验过生命的狂烈么?感受过撕裂心肺的爱和恨么?你可曾痛快淋漓地大叫、大笑,听到血液在周身欢唱?

小草从石隙中抽出嫩芽。岩浆在地幔奔涌。血肉之躯筑起长城。柔曼的手臂探向宇宙……

野罂粟如梦如幻开遍荒原,大戈壁托浮着不落的夕阳,一叶小舟泊在孤寂的江岸,不知谁在大森林的小木屋中亮起了温柔的灯火……

哪里没有生命?哪里没有生命的激情?

黄河,你在启示我吗?

我浑身湿淋淋的,快活地朝黄河大叫。我不再是那个忧心、压抑、患得患失的我了。人惟有创造,才有新生。不羁的灵魂在浪中,雨中,雾中,雷霆万钧中,在狂腾与暴跌中,丢掉惰怠,丢掉散漫,丢掉陈规陋习与世袭的重负,脱胎换骨了。

黄河,你还要对我说什么?

 心灵体验

从黄河的怒吼,作者"感受到一种生与死创造与幻灭的激情",感悟出"人惟有创造,才有新生"!这是黄河的启示!是在神奇的大自然面前,人类获得了有创造性价值的生命意义。

 **放飞思维**

1.从哪些地方可以看出作者对黄河怒吼感到困惑和不安?

2.黄河的怒吼让人们感受到了什么?

3.面对黄河的怒吼,我们得到了怎样的启示?

壶口走笔

◆卞卡

> 然而壶口瀑布那一方的太阳却黯然失色,像
> 一个很大的蛋黄悬在高空。有趣的是,浑黄的浪涛
> 溅起的水花却白得亮眼,白得晶莹,从巨沟中飞
> 起,又如同白色的珠子撒向空中。

汽车刚转过一个山坳,便听到一种声音在轰鸣,嗡嗡隆隆的,如同大风劲吹,沉雷飞驰……我知道,那是壶口瀑布的回声。

其实,那个山坳离壶口还有两公里。

山崖一侧有一块相对平坦的所在,汽车紧傍着灰褐色的岩石停下,那位置和壶口瀑布平行。悬崖石阶下200多米处便是壶口瀑布,应当看得很真切的,但我的眼睛却突然模糊起来。看到的只是一片黄。深深沉沉的黄,浑浑厚厚的黄。河滩是黄的,河床是黄的,对岸的山是黄的,从那巨沟里翻滚上来的水自然也是黄的。它们组成一帧以黄为底色的硕大无朋的画,镶嵌在两山夹峙的河谷中,浑然天成,那般神奇,那般独具魅力。没有人能想到,黄河曲曲弯弯流淌几千里后,能在山西和陕西两省间的峡谷中,把原本宽阔的河面猛然收缩,使松散的力猝然凝聚,经年累月,一条巨沟形成了,滚滚而来的黄水倒悬倾注,于是便有了惊涛骇浪,有了如雷的吼声……

在人们的意象中,大地是有魂灵的。魂灵是什么?我想,就是黄土地恩赐的灵光,这灵光饱含着血脉,血脉中流淌着清洌的水和浑黄的水。多少年来,灵光在闪烁,黄土地上有欢歌也有悲歌,而这一切,作为黄土地跳动的音符,最终弹出的都是动人的曲子。这一点,在我观赏壶口瀑布时感受得最具体、最真切、最生动。

那天本来是有太阳的。汽车在弯弯曲曲高高低低的黄土高坡上行驶时,阳光把满坡的绿照得层次分明。然而壶口瀑布那一方的太阳却黯然失色,像一个很大的蛋黄悬在高空。有趣的是,浑黄的浪涛溅起的水花却白得亮眼,白得晶莹,从巨沟中飞起,又如同白色的珠子撒向空中。于是奇迹出现了:在河对岸浑黄的天宇下,一条彩虹隐约可见。我注视着彩虹,再听那如雷的涛声,猛地想起那首雄壮的歌:"风在吼,马在叫,黄河在咆哮……"

像我这般年龄的人,对那歌声是相当熟悉的。当年我们的前辈抗日将士们出征,以黄河为背景,是一种象征。尽管他们不可能从壶口瀑布显示雄威的那一方域

踏上征程,但他们的心境和气度却完全可以同翻卷咆哮的壶口瀑布相比照。黄土地的魂,中华民族的魂,在他们身上体现得淋漓尽致!铁血男儿的意志与魂魄,勇敢与智慧,坚强与剽悍,信心与力量,在黄河吼声的伴奏下,一股脑儿凝聚,又一股脑儿迸裂……正是在那血与火的交织中,他们杀出一个新天地,使黄土地的魂灵变得比任何时候都更加庄严和神圣!

壶口瀑布的气势动天地,泣鬼神,那可是对倒下的将士的祈祷与祝福,呼唤与抚慰!如果他们真的魂兮来归,此时此刻,他们一定会同大地的魂魄相拥相吻,那是一种怎样的境界啊!

我带着一腔情感上的满足离开壶口瀑布,踏着河床坚硬的石和松软的沙,回到西岸灰褐色的山石旁,回头观望,那帧浑黄的画又呈现在我眼前。太阳仍在照着,隐约中又见彩虹,几道颜色时而清晰,时而模糊,竟是那么协调,那么美!留下的几张照片,背景是黄的,黄天,黄地,黄水,还有黄皮肤的我……我很自豪,也很骄傲!

壶口瀑布那雄浑的风貌和磅礴的气势让人进入的则是一种理性的思考:我们民族的魂与气,炎黄子孙的精神内涵,华夏文明史诗般的丰碑,不都与黄河休戚相关吗?正是有了这样的思考,作者对黄的天,黄的地,黄的水,还有黄皮肤的我感到自豪和骄傲。

1.壶口瀑布是怎样形成的?

2.文中黄土地恩赐的灵光是什么?

3.壶口瀑布的气势象征着我们中华民族怎样的精神?

空荡荡的汉江

◆采 诗

一路江风，可曾把昨日的梦魇冲散？一江碧
水，可曾把腾跳的焦虑荡尽？一路花香，可曾开放
在被春光遗忘的心扉？

空荡荡的汉江依然美丽。

两岸的油菜花笑得很精神。还有那么多野桃花也开得很风雅。春风刚刚露出
欢颜，就被善于自我表现的蜜蜂吻了一下。吻过之后又是何等景致？惟有江水珍藏
着两岸的风采，渲染着两岸的风姿。

江水依然流呀流，岸上的人们依然行呀行。我却觉得汉江很可怜：几乎很久很
久没有一只船从江上驶过，岂不可惜了一江春水！

难道江水不深，载不起恋人的深情？难道江水不清，沁不湿诗人吟诵的月光？
难道鹅卵石不精致，填不进棋手对弈的方城？难道江风不温柔，吹不走黄昏后春意
阑珊的忧愁？

然而，我并未彻悟：惟有空荡而美丽，不沾惹人的韵味，才独具大自然的馨香。

我苦口婆心地用高价买通一只小船的一段水路。这船早已萎缩于江边，任我
纵它驶入江中之后，我正是王维《汉江临泛》中的"波澜"："江流天地外，山色有无
中。群邑浮前浦，波澜动远空。"

一路江风，可曾把昨日的梦魇冲散？一江碧水，可曾把腾跳的焦虑荡尽？一路
花香，可曾开放在被春光遗忘的心扉？在摇橹的兴奋之余，在独立船头的傲然之
时，我没有任何疑问可以向大自然发问，汉江也没有任何过错，可以由我去指责，
我全然地交给了一江春水。只有这样全身心地投入，偏执的小我才能被除去，而臻
至于与天地精神往来的境界中去。

可是，倾囊买下的一段水路已到终点，人生时时面对的严肃主题——我们的岸。

此刻，如果我能永不上岸，长久地沉浸于与天地精神的往来之中，将会怎样？

钟情有时终归钟情。

岸，那是必须要上去的。并非我们不理解江水的古意斑驳、天地的浩浩之气，
并非我们不晓得，长江最钟爱的女儿——汉江，终究要投入母亲的怀抱，只是因为
我们常常自命为：人乃是大自然的上帝。

成了上帝，无论在画中还是在画外，我们都是即兴的一瞬。永恒的力量却属于

汉江的神韵:无论有人无人有船无船有桥无桥进入她的风景里,她依然美丽,而空荡荡的时候更美丽。

这是一幅呼之欲出的图画,凝结着诗一般的神韵。"我"用高价买通一只小船的一段水路,用亲身体验过的生活,画出当年的汉江图,想让清澈的江水流淌在心里,留下古朴的美和馨香。但依然徒劳,汉江的美是永恒的,无论是有人无人有船无船有桥无桥……

1.怎样理解汉江空荡荡的美丽?
2."我"买通一只小船的一段水路想在汉江上找到什么?结果如何?

太 阳 湖

◆苏 叶

太阳把刚强的头颅再一次浸埋在盈盈湖水里,埋进清纯,埋进秀丽,太阳也沉迷啊!恨不能变一束七色花永留在湖底,又希望做一只大鹏鸟,把湖驮在自己的双翼。

太阳,在湖的怀里瑰丽,在湖的怀里焚烧。欣悦的火焰,把湖的每一寸肌肤逼射得在战栗中光耀莹明。湖,因此而活。湖因此而不知收藏,不知屏息地……活了。

活在一道道的凝望里;活在一重重的讶叹里;活在轻轻的拍打里;活在深深的敬服里、契合里。湖,摇荡着碧绿的发丝,把太阳一厘一厘地吮吻着。

粼粼烁烁,晶晶亮亮,万千的浪尖,银箔似的摇着,金铃似的碰着。笛韵笙音,满湖里飞扬着,笼罩着。每一个眼波都是明丽,每一个音节都是天籁,每一道笑纹都是柔顺。湖把自己酿成了太阳的蜜汁,太阳的芒箭从湖的心里向着天空锋锋流射。湖,醉了。

醉得沉静,醉得清澈。湖,醉而不觉,不觉而醉,湖是不知其醉而醉者,湖是一坛清酒了。

67

然而,太阳要走了。

太阳总是要走的。湖是太阳的爱人,天空才是太阳的轨迹。那九大行星的排列,那永不停息的轮回,那雄傲山岳海瀚的威武,那光照环宇的辉煌……太阳,不属于自己。

没有忧戚,起程的时辰是自己定的。

没有忧怨,跋涉的路途是自己寻的。

没有哀愁,开天辟地的担荷是自己挑的。

只是,太阳也需要呼吸!

太阳把刚强的头颅再一次浸埋在盈盈湖水里,埋进清纯,埋进秀丽,太阳也沉迷啊!恨不能变一束七色花永留在湖底,又希望做一只大鹏鸟,把湖驮在自己的双翼。然而,湖怔忡着,黯淡了,面色灰沉,如失血的少女。睁大的瞳仁,散神地流淌着孩子般的求乞。太阳凝视着,凝视着湖,把逐渐变得冰凉的漾漾清波搂进自己的慈爱,而湖的泪水,就在日光猛地一震中,涕泗滂沱了。湖啊,翻涌缱绻,飞珠溅沫,波峰浪谷,点点滴滴,连同一声声呼唤,一串串呜咽,全都摔掷在危崖峭壁上!

从来分别都是痛楚,何况,阳光是一点儿一点儿从湖的躯体上撕揭着离去!

撕揭起锐亮的光束,收拢,插在背囊与剑袋。太阳,将温柔得虹一般的手指,细细地熨帖在湖上,熨帖在湖的愁眉上、皱额上、嘴唇上……

静静地,湖,懂事地平伏了,任破碎的波光泱泱荡荡,却装出一份往日的悠闲,将那哀哀的伤痛,狠劲地,一下一下地,折进一重深比一重的涌痕中。

启程吧,太阳,把金焰从我的鳞片上一一剥去!

驾车吧,太阳,把彩光从我的羽衣上丝丝抽去!

飞奔吧,太阳,把湖的涓涓清凉,冽冽甘醇都收去!

太阳啊,你该泽被万物,辉映天地!

而太阳果真跃离湖上,那庄严的肩膀扛起了天棚,那酩酊的脚步掬起了大风,那擎火的巨擘将山林一撩而燃,将云霞一挥而红,那套着赤金豹的云车,铿然腾空……

……当皎洁的月儿,携着太阳的殷询,拨开夜幔,迈过树丛,急步前来探望,这太阳的使者发现:湖啊,披霜戴雪,寂寂中,送渔帆千桅入海,浸田禾万顷潺潺。湖烟又袅袅兮,湖梦又朦朦……

心灵体验　这篇散文构思相当新颖和精巧。题名"太阳湖",文章的主角就不是一位,而是太阳和湖,二者之间的爱恋、缱绻,在作者出人意表的想像与浓墨重彩的渲染下,呈现出惊心动魄的美。

1.作者用哪些词描写太阳与湖热烈的爱恋？用哪些词描写了他们分离的哀伤？

2.读完这篇文章,你有什么感受呢？

天　池

◆鄂 华

　　我未曾见过她阳光中的姿容，然而眼前的天地，我已经叹为绝色。我很难想像出世上还能有凌驾于她的美。从同伴们的眼中，我也看到了相同的倾倒与迷醉。

　　静，绝对的静，心灵的湖面泛不起半点涟漪。天池池水莹澈见底，山逢巉岩，各个留下了自己的倒影，清晰得如同它们是生长在水底。湖畔四周也是那样的安静，白沙沙的火山浆沫石，盖住了一切生命的迹象，仿佛人世的纷扰从来就没有惊动过这儿永恒的梦境。恍然间，童话里的世界浮现在我眼前，我仿佛是来到了一块受魔法禁制的地方，一个被噩梦统治的王国。在这儿，生命停止了一切活动，连湖心里也找不到一根水草，一只小虫。被魔王禁制的应该是美丽的天池仙女，你看她云鬓半偏，星眼困倦，静息不动的胸膛已经使你察觉不出她的呼吸。如果不是那晶莹的明眸说明智慧的光还不曾在她眼里熄灭，那炙热的温泉说明生命的火还燃烧在她心中，你几乎会疑心她已经成了死神的俘虏。护守在她身边的16位武士，也和她一同走入了永恒的高山的梦境。鹰隼在振翅欲飞的刹那，被魔法僵住了翅膀；紫云在飘离崖畔的瞬间，变成了冰冷的石头。

　　然而魔法并不能夺去湖女的美丽，反而给她的美罩上了一重冰冷的神秘的光辉。即使在没有阳光的时刻里，她也是那样慑迷人心。

　　她不是南国热情奔放的女儿，她有着一颗炎夏的心，却生长一副寒霜的面。七分娇美，三分傲慢，造就了她十分的魅力。我未曾见过她阳光中的姿容，然而眼前的天地，我已经叹为绝色。我很难想像出世上还能有凌驾于她的美。从同伴们的眼中，我也看到了相同的倾倒与迷醉。

天池的美,冰冷、寂静,"仿佛人世间的纷扰从来就没有惊动过这儿永恒的梦境"。作者把它比喻为一位美丽的姑娘,她的美,笼罩着"冰冷的神秘的光辉"。但是,她的冰冷和寂静并未使人心寒,作者及其同伴都为她"倾倒与迷醉"。

1.作者从哪些方面描写天池的美?

2.作者用想像中的童话世界是为了写天池哪方面的美?这样写好吗?

君家原在西湖畔

◆龚书绵

那意象十分鲜活,小翠鸟飘然不群,停留在荷叶上,好像一个遗世独立的君子,和翠盖下的并蒂莲谈着天,群蛙找到了遮荫的借口,扑水之声,充耳可闻。

那年秋季,旅游北京,经西安来到杭州,一天,我倘佯在西湖畔,是望乡还是路过?是等待还是追寻?一时不愿多想,浑然陷入迷惘。一心梦想西湖,原在小时候,早就孕育了的,可知今又感觉来得太迟,怕只怕造物弄人,将我投在人世的时间,接不上向往的空间?早年逸鸿告诉我,西湖是个好地方,她的风貌,因四时天候不同各具特色,无论晴、雨、雪、月,都有一份好景致,当时我们约定,有一天回大陆,先到泉州,再回杭州,如今,我却是一人独来呀!西湖,西湖,请你告诉我,为什么?一股莫名的凄凉,从中而来,隐隐刺痛,让心境也顿成黯然!

眼前的景象,看的比写的更真,用"诗情画意"来形容,固甚贴切,也只能描其万一——那明湖水碧、那六桥烟镇、那行柳掩映着霞光……不知藏卧了多少千古以来的诗魂和画魄,可以说:集天下之精英于净美之中。

杨柳依依,对景沉思:荷叶田田,漫着禅趣——莫不是都化为尊尊的"如来";而朵朵的荷花,更像是万千个庄严的世界。且慢去评鉴,她们亭亭的芳姿,以及出尘的气息,光欣赏周遭的,那一大片绿,我责问自己,为什么忘了携带画笔?不,没画笔,何须急?用心来描绘也可以!久久,我不知何时,迷失在荷境中,是悲情,非悲情,是忧思,非忧思?但真真实实,来自灵窍中的体悟,平生喜爱山明水秀,而那一脉的秀水明山,也正体念着我的感觉,不然我不可能沾满了冉冉的清光,饱含着高情和逸致!眼前一切提醒了我:你心中不也是一方绿油油的荷田吗?这时才惊觉,能与湖山相得融,而感到高兴!

那意象十分鲜活,小翠鸟飘然不群,停留在荷叶上,好像一个遗世独立的君子,和翠盖下的并蒂莲谈着天,群蛙找到了遮荫的借口,扑水之声,充耳可闻。残荷、幼荷、新荷浑然一片光影中,蛙鸣虽嫌聒噪,翠鸟却带来悦耳的清吟。而荷花在诗画的灵魂中,抽出一枝出世的神采,洗净一簇清正的尘思,莲在心中,人在莲里,一念精诚,是实,是善,是美之极致。

荷田使人清静、安怡,也曾力练自己的歌喉,学着"百灵鸟"唱出一支"神行曲"。那境界,比起合唱的"采莲谣"来,不知又高出了多少!如果此时伴奏的,是支悠扬的铜笛,它将吹奏那清逸的雅韵!哎!哎!也忘了带着,那孩子们把玩的吉他,或许可以放在弦上,弹着既轻柔又豪迈的旋律,和谐唧唧的虫鸣,敲出那点水的蜻蜓!而现在,无数的荷花,激滟在香风中,呈显那一派神俊和空灵。

这景象,又依稀吹配了许多古典飘忽的仙乐,由远而近,乘风过耳,渐渐又随风远去,那天,走在苏堤上看"六桥",在六桥石雕的栏柱上,不是也有许多莲座吗?莲座,你不知陪伴着湖光山色,度过多少的晨昏!而湖上的莲蓬,一向在更替、轮转、静与动,相互比美,我来回地凝望着,人在堤上来,堤在湖中浮,我,倒成了山水画中的高士。

当我未来西湖之前,也曾在许多名胜中看到荷田,不也是荷叶荷花无数。在时空的长河里,那过江之鲫的游人,想像中,有如飞禽掠过横塘,只带走古典中国的香风,而盈盈荷田依旧,特别是杭州西湖的,那一大片的亭亭秀发,形象格外鲜明,仿佛支支荧荧的烛光,炯炯而立于水面。可是,不知什么缘故,当我凝视时,她已化成凄冷,冷中带清,清中含蕴忧郁,而花叶的神态,也已迈入了禅境!

犹记得外子逸鸿生前,曾经为他故乡的西湖写生,完成一幅高达10余尺,宽约30余尺的"墨荷通景",题名"万荷图",此画现为美国圣若望大学典藏着。以往,逸鸿曾对我说:故乡山川秀丽,尤其是西湖,给了他许多灵感,自早歌羡古人"涉江采芙蓉,兰泽多芳草"的那种境界,他要为这一片绿,留下些许墨彩,因此,他挥洒如椽之笔,写了"万荷图",还同时在多姿的画面上题了诗:"绿水涨横塘,行风十里香;荷花荷叶浑无数,游人争向横塘路。荷花在水香在衣,月明看花人未归;我生却有荷花疾,当年曾住花之宅。劫后湖山似旧无,朝朝乡梦落西湖;酒酣漫写万荷图,花光墨影两模糊——乙已长夏台北植物园赏荷归而写此识兴临安高逸鸿并记。"

逸鸿生长在杭州临安。临安原是南宋国都,当其时,有宋一代,衣冠南渡,人文荟萃,盛极一方,而西湖自是繁华中,上天设计的人间仙境。当他青年时代,漫游在西湖的那段岁月,正沉酣于画画的创作中,与同好加入"西泠书画社"。那天,我慕"西泠"之名而来,驻足在社之堂前,正值黄昏时分,发现落英满庭,寂静无声,于此我缅怀一切久久不能安宁,深切体悟到,原来大家都是西湖的过客,而对我特别不公平——悲只悲的,不断与逸鸿同游。

心灵体验

作者独具慧眼,选取西湖的荷田作为审美的对象,不仅用它寄托对先夫的缅怀之情,而且也用以表先夫高洁之志。另外作者多角度、多层次、多侧面的描写,不仅给西湖的景物涂抹上浓烈的感情色彩,同时也展示了西湖景色的深刻内涵。

放飞思维

1.文中作者选荷田为精心营构的意象,其写作动机是什么?
2.作者对西湖景色的描写,有实写也有虚写,各举一例说明。

　　你的柔情撩拨着石壁下潺潺流水。你的襟怀荡出无边的莽原。你的神思浮起连绵起伏的山峦。你的豪迈吼出一遍黄沙漫漫。

在山顶看风景

　　在泰山绝顶上看云比看日出更使人心悸。那白茫茫的一片，无穷无尽地伸展出去，软软地就铺在你的脚下，使你有想踏上去的欲望。突然你会听见嘎的一声，从你身旁的云波中溅起，使你蓦然惊觉自己在天地间的位置，让你这被云海荡散的魂魄再收了回来。

读　山

◆张腾蛟

这样的山野并不纯然是静谧的，可以读到叽叽喳喳的虫叫，也可以读到啁啁啾啾的鸟鸣。有时候，在一堆非常繁茂的草丛里，还可以发现昆虫世界的小小的战争。

群群的山峦如部部丰厚的卷册；
迤逦复迤逦，连绵复连绵，在时间的长流中；
裸其奥义，隐其真髓，于大地之上；
我，乃是一个饥饿了很久的，读者。

我是常常去读山的，远远的读其苍茫，近近的读其清幽；粗读其豪放，细读其深沉。读青，读绿，读和谐，读静谧。

我常常去读那些嶙峋峥嵘的巉岩，读它们的容颜，读它们的生活，读它们的风貌，读它们的历史。读它们是用一种什么样子的步子出了洪荒；读它们是以一种什么样子的姿态去承受亿万年的风风雨雨。然后，我也去读它们的威武，也去读它们的温顺。读它们为什么会耐得住永恒的寂寞，为什么会耐得住永恒的蹲坐，读它们为什么会有那么好的气度，可以容忍一些错综的根须在它们的身上作蛮横的盘缠。

茂密的林木，在山中凝聚起了片片青翠，形成了这些丰厚卷册中美丽的篇章，我就这样静静地读着它们。

读那些嫩芽如何成长，如何苗壮，如何把一些枝丫交给了它们的子孙，然后，它们又如何回到泥土中。

读一条细长的根须，如何穿过一段泥土，然后在另外的一个石隙中钻出头来，成长起另一个新的生命。

读一根瘦弱的树枝，如何自阴暗的一角伸出手来采摘阳光，然后去营养自己，去健壮自己。

山林的本身就是一个丰富的世界，在这里可以觅得一切。有一天，当我正在读那爬藤如何借着一株枯树而站了起来的时候，便骤然发现了那枯树的笑颜，我已经意会出来，它是因为那棵爬藤为它装饰了绿意而笑的。又有一天，当我正在读着另外的一摊浓绿时，发现到一条蜿蜒的小径，非常自在地自我的身边伸向了山巅，我想，谁是这条小径的母亲呢？会选择在这样的一个山野中踩下了他的第一个步

75

子？像这么一条瘦小的小径，为什么可以负荷得了那么多脚步的践踏呢？

这样的山野并不纯然是静谧的，可以读到叽叽喳喳的虫叫，也可以读到啁啁啾啾的鸟鸣。有时候，在一堆非常繁茂的草丛里，还可以发现昆虫世界的小小的战争。

在读山的时候，也会读到一些偶发的事件。就像那年春天，当我正在初读一片新鲜的山林时，听到喊声自四面八方响了起来，并且，在喧嚣中还隐隐约约听到一些杀杀砍砍的声音，我便立刻攀登山巅，举目远眺，噢！看到了，山脚下，一群勇壮的嫩芽，正在追撵着一个败阵的冬天。

山是一部丰厚的卷册，怎样读也读不完它，读了巉岩再读山林，还有那挺耸的峰呢！还有那深幽的谷呢！

我是一个读山的人，但是我知道，有时候人家也会读我的，当我就像一个短短的句子般地投向山林时。

本文题为"读山"，有"仔细端详"、"慢慢欣赏"的意思。在对山的描写中，作者不求妙肖自然，惟求得其神采，使本来"只有物理的东西可具人情，本来无生气的东西可具生气"，"在寻常事物中见出不寻常的意义"。读山一文，作者把情移于其内，把理寓于其中，含不尽之意于其外，让人咀嚼。

1. "读山"，不合传统的语言习惯，你怎样理解它的意思？
2. 作者读巉岩读出了哪些内容？读山林又读出了哪些内容？
3. 文章包含了怎样的思想感情？

高处何处有

——赠给毕业同学

◆（台湾）张晓风

真英雄何所遇？他遇到的是全身的伤痕，是孤单的长途，以及愈来愈真切的渺小感。

很久很久以前，在一个很远很远的地方，一位老酋长正病危。

他找来村中最优秀的三个年轻人，对他们说：

"这是我要离开你们的时候了，我要你们为我做最后一件事。你们三个都是身强体壮而又智慧过人的好孩子，现在，请你们尽其可能地去攀登那座我们一向奉为神圣的大山。你们要尽其可能爬到最高的、最凌越的地方，然后，折回头来告诉我你们的见闻。"

三天后，第一个年轻人回来了，他笑生双靥，衣履光鲜：

"酋长，我到达山顶了，我看到繁花夹道，流泉淙淙，鸟鸣嘤嘤，那地方真不坏啊！"

老酋长笑笑说：

"孩子，那条路我当年也走过，你说的鸟语花香的地方不是山顶，而是山麓。你回去吧！"

一周以后，第二个年轻人也回来了，他神情疲倦，满脸风霜：

"酋长，我到达山顶了。我看到高大肃穆的松树林，我看到秃鹰盘旋，那是一个好地方。"

"可惜啊！孩子，那不是山顶，那是山腰，不过，也难为你了，你回去吧！"

一个月过去了，大家都开始为第三位年轻人的安危担心，他却一步一蹭，衣不蔽体地回来了。他发枯唇燥，只剩下清炯的眼神：

"酋长，我终于到达山顶。但是，我该怎么说呢？那里只有高风悲旋，蓝天四垂。"

"你难道在那里一无所见吗？难道连蝴蝶也没有一只吗？"

"是的，酋长，高处一无所有。你所能看到的，只有你自己，只有'个人'被放在天地间的渺小感，只有想起千古英雄的悲激心情。"

"孩子，你到的是真的山顶。按照我们的传统，天意要立你做新酋长，祝福你。"

真英雄何所遇？他遇到的是全身的伤痕，是孤单的长途，以及愈来愈真切的渺小感。

心灵体验

本文是一篇临别赠言,也是一篇寓言式散文。作者意在鼓励莘莘学子不畏艰辛,奋力攀登高峰,尽心创造辉煌。文章力戒空洞的说教,给人灿然的感觉。

放飞思维

1.本文从人物形象的差异,怎样反映出人物不同的精神风貌和思想品格?

2.为什么作者要否定"繁花出道,流泉淙淙,鸟鸣嘤嘤"的境界,而肯定"一无所有"的境界?

3.结尾一自然段有什么含义?在全文中的作用是什么?

鸟鸣山更幽

◆殷 颖

在无边风月的涵碧中,啁啾的鸟语,似乎在吟哦泰山上镌刻的无数诗篇,我从未见过山石上凿了这样多的墨痕。

每晨当我在白雾中步上附近的山崖时, 第一声听见的总是啄木鸟的七言绝句,"笃笃笃笃笃笃笃"。有时它也会敲响一串晶莹的小令。如一组圆脆的钢琴音符,抑扬顿挫,平仄分明,铿锵有致。如李白的豪放,似杜甫的沉郁,若肖邦的轻柔。像珠玉般丁丁然一粒粒地落在蓝色的晨曦里。

啄木鸟是出色的敲击乐者,也是山林中的行吟诗人。它随意叨啄着长长的树干,向莽苍苍的大地传播造化的诗心。偶尔,会听到孟浩然的诗句:"严扉松径长寂寥,惟有幽人自来去。"有时它也会连敲六句,奏出一首淡淡的乡愁,将我郁闷在胸中的一阕"浣溪沙"用它的长喙啄在树干上:"帘卷西风独苍凉,萧萧桐叶敲纱窗。沉思故园立斜阳,古卷乍展墨味重。停笔凝思落丁香,当时只道是寻常。"

树叶无声地落在肩上,只轻轻地一触便飘落地面。这种柔柔地轻拂,似乎在重复着大自然款款的深情。这一触能使我体会出落叶的深意与宇宙落寂的心灵。早晨的山林是宁静的,山与树都浸在雾里。静得像混沌初开时的沉寂。但,偶尔由树

78

梢上飘下来的那一声啾然的鸟鸣,才会让你感受到大地的脉动。

在泰山绝顶上看云比看日出更使人心悸。那白茫茫的一片,无穷无尽地伸展出去,软软地就铺在你的脚下,使你有想踏上去的欲望。突然你会听见嘎的一声,从你身旁的云波中溅起,使你蓦然惊觉自己在天地间的位置,让你这被云海荡散的魂魄再收了回来。

在无边风月的涵碧中,啁啾的鸟语,似乎在吟哦泰山上镌刻的无数诗篇,我从未见过山石上凿了这样多的墨痕。刚刚在峭壁上读完了杜工部,转过身来又在丘壑间不期而遇到黄山谷与苏东坡。而婉转的鸟啼却能再唤回这些沉醉在山色中的诗魂。

迷失在黄山的画卷里,眼看着走进了倪云林的山水小品,举步是疏笔淡墨的山林小径与云树闲烟。但峰回路转,一失神却掉到了张大千的泼墨山水里,髯翁一笔挥下,苍碧夹着赭黄一泻千尺。仰不可攀,俯不能着,让你惊呆在这条幅中。而那株奇松,不知被谁用焦墨点上了绍巅,它一点儿也不介意古今来多少惊叹的目光,含英咀华,迎曦送月,逸然卓然地展现它的苍劲与不群。任你翻遍了古今的画稿,也找不出它楚楚的风致。而倏然间一只苍禽,以遒劲的铁翼缓缓地绕飞杉松数匝,然后猝然一声长嘶,急坠而下,将你一颗心也拉到深涧的幽冥里。

作品诗意盎然,文采斐然,是一篇表现幽静境界的美文。它最大的成功之处在于以"有我"之笔,选"无我"之境。

1.举例说明作品怎样表现"鸟鸣山更幽"的境界的。

2.在现代散文中,你还知道哪些作品中有表现幽静境界的描写?

满溪流水香

◆林新居

> 满溪的流水，发源于人迹罕至的山，而这山泉，无不是来自天上的云雨。

我住的地方在山谷中，楼前有条小溪，溪水日夜相续清唱，无论何时，只要侧耳倾听，水响如佩，声声流淌于耳、于心；只要万缘放下，倾听片刻，自能心空如洗，妄念顿除，禅悦油然而生……

满溪的流水，只是顺其自然地流向低处；偶尔遇着了障碍物，打个漩，绕个弯，就通过去了。

水能载舟，也能覆舟。水能刚能柔，能弯能直，能屈能伸。水更能映照我们本来的面目。

《华严经》上说："净心水器，莫不影显，常现在前；但破器浊心之众生，不见如来法身之影像。"清净的水器，永远会映现物影；但是破器、浊心的众生，则无法显出如来（真如法性）的身影。何以呢？清净之水如镜，当然可以影显万物；但是破了的水器无法容水，浊了的心，也看不到自己的容颜，当然就见不着自性的光明了。

这句话，主要在于托事显法，无不讲一个"心"字。

满溪的流水，发源于人迹罕至的山，而这山泉，无不是来自天上的云雨。追根究底，实乃水的循环之作用。

我们自性的溪流呢？它日夜流淌，未曾片刻滞留。禅定功夫高的人，不但可以听到（不只是感觉）心跳声，也可以听到血液流动的声音，像溪流，或偏偏低吟，或淙淙高歌；甚至可以听到原本就存在的天籁，在耳际、心间萦回。我们为什么听不到？只因为我们的耳忙着辨别各种声音；只因我们的心忙着胡思乱想；只因我们妄念纷飞，噪音、乱波干扰，所以不见亦不闻。

能够万缘放下，念念分明。活在当下的人，不但可以让自己更有信心、更有创见，也更生机无限；就像沛然而下的溪流，小小的石头、杂物，岂能阻挠它勇往直前的冲劲？意志力的锻炼也是。它是相续不断的流水，当深度、广度、纯熟度合而为一时，便形成"流水相继三昧"，此时，再也没有任何事可以成为我们的阻碍，此时，天籁美音，遂破空而来……

我们的身心何时如花脱落，便可闻到满溪流水的芬芳，忽将鼻孔冲开！

文章是一篇说明事理的散文，通过描写溪水而引出了净心之说。"清净之水如镜"，"可以影显万物"，从"净水"引出"净心"，只要能够"万缘放下"，便能"更有信心，更有创见，也更生机无限"，"勇往直前"，这是人生的一种境界。

放飞思维

1. 从"净水"引出"净心"，说明了一个怎样的人生道理？
2. 说说我们如何才能保持生命的本色？

遥远的上青溪

◆冯秋子

> 溪水打湿了我的衣衫，很多时候水漫过竹筏，穿布鞋的双脚就泡浸在水中。顺着流水走下去吧。

　　我坐一只竹筏，在这条叫上青溪的水道中行进。

　　那是南方，福建西北部古城泰宁深藏的一条溪流。我看到县里一些文字记载，说这条溪水所赖地貌数亿年前火山爆发，江翻海覆，之后从海底浮生出一块土地。那个隆起的地方历经多少万年裂变，成了武夷山赤石群带，成了盆地，成了溪流。时间掩盖了剧烈蜕变的山水和人。我看到沉沦、寂寥和纯净，看到一只竹筏险象丛生。溪水从哪里流出，又流向何方，当地人叙说了一个很长的故事，那是上青溪的历史吗？我听不懂那种语言，那个故事在我心里就像这条上青溪急缓无序地流去了。

　　阳光犀利，直射陡壁间曲折、奇险的水道，正是吃午饭的时间，撑筏人和我们都是早晨匆匆吃一点儿早饭，往那个可以乘筏的崇际村会集。我们要走20多里水道，东汉时期一位著名道仙梅福的隐居地栖真岩就在20里外。撑筏的老乡说，很少有人来。他们居住在溪水围护的重山外面，听得见潺潺流水，世世代代在它的动静里生活。

　　岩壁上风雨浊蚀的悬洞，老鹰筑起了穴巢，远离水面。老乡说这个窝也住了几代老鹰了。高高的山岩上是原始次生林，野生的草药和青苔密布森林和岩壁。同行的人说看到水里游着一条蛇，那时候正陷入乱石滩，急流旋转，竹筏后尾摆动不及

81

擦身岩壁,我顾不上看水里的蛇,同伴说头顶上的树杈里也有一条蛇,我都没看见。只是到竹筏行进了很久以后,我才听见鸟叫。那是天籁,在我接近了上青溪,在那条亿万年前就已撼动的脉搏中涌流以后,我听到的声息。

我坐在竹筏上,遥想从前,遥想外面的世界。

这条不算深,不算宽,环绕于深山老林的小溪,把我从北方召唤到南方。

溪水打湿了我的衣衫,很多时候水漫过竹筏,穿布鞋的双脚就泡浸在水中。顺着流水走下去吧。我想这样,我确实睡着一段时间。

送我们到栖真岩附近登岸,老乡脱了布褂擦满头满身的汗,拿出布袋里的干粮吃下去。太阳偏西了,他们歇一歇身体,还要逆流而上,返回家园,问他多长时间能回家,说6个多钟头。那时天已经黑了,这个白天剩下的时间,他们做这件事。

我们呢?

这个真实而神秘的地方,留在我心里。

同伴说在靠岸的竹筏上照个相吧,一路没留影真遗憾,以后能不能再来难说了。我说不照。

有竹筏的历史就像有相机的历史,我们留不住这些。

这是一篇风格优美的记游散文。这篇文章的特色就是写出风景的神韵和作者的感情,而且达到了人与景水乳交融,物我合一的境地。

1. 上青溪令人流连忘返,作者是怎样描绘它吸引人的神韵的?

2. 作者热爱上青溪的情感,融入了那山光水色中。找出作者表达情感的语句,你是怎样理解这种情感的?

听听这小溪

◆（台湾）杏林子

> 天气渐渐暖和，小溪的步子也开始变得轻快流畅。想来，她一路穿过青山，行过原野，蓦然发现溪边的小花结了苞，小草冒了芽，初生的小蜗牛怯怯地探出了触角。

　　春天到了，屋后的小溪突然活泼起来，整夜听着她轻快的脚步声一路跳跃。

　　初搬到山上时，正值严冬，又是风又是雨的。我只好蛰伏在我的小屋里，透过大大的玻璃窗，看云天夕阳的变幻，山间晓雾的弥漫；除此之外，就是这条小溪终日为寂寂深山加添一些生动的音符。我一直没见过小溪的模样，但我和她却是那样熟识。深沉的夜里，当我读累了写疲了时，我就放下书，搁下笔，静静聆听小溪以她独特的"溪语"诉说着大地的心声。屋外寒风凛冽，冷风敲窗，小溪的脚步也是迟缓沉重的，是她也不耐这冬日的冷寂？她可曾看到我窗口透出的一荧灯火，体会些许我关怀的心意？多少时候，我俩是深相契连的。

　　天气渐渐暖和，小溪的步子也开始变得轻快流畅。想来，她一路穿过青山，行过原野，蓦然发现溪边的小花结了苞，小草冒了芽，初生的小蜗牛怯怯地探出了触角。大地一片青葱，万物欣欣向荣，便不由得一阵惊讶，一阵欢喜，忙不迭地要将这好信息带给大家。听听，这小溪正以多么愉悦的声音告诉你一个亘古弥新的故事：春回大地！

　　什么时候，挑个风和日丽的好日子，我也下到小溪，探访我这位神交已久的老朋友，小溪不知将以怎样的欢乐迎接我哩！

　　这篇短文是作者描绘山水的杰作。作者用心灵去感悟自然，写出了一曲从血管流出来的生命之歌。文章用拟人的手法，赋予小溪感情与生命，把小溪当成神交已久的老朋友，流露了作者对大自然的热爱。

1.文章的题目为什么用"听听这小溪"而不用"看看这小溪"？

2.作者从溪语中听到了哪些内容？

3.从"溪语"中，我们领悟到生命的意义。这个意义是什么？

溪　水

◆陈晓蔷

　　我不怪溪水不够澄澈，只怪自己在溪水的流动里没有抓着永恒的一瞥。

　　下了一阵雨，小溪里的水涨满了。

　　溪水并不澄澈，只是我偏爱那满溢的流动之姿。

　　我曾想，如果没有这一道灌溉渠横绕过大后山，黄土的山冈将是何等寂寞？梦之谷将是如何的燥渴？而我又将凭谁去细诉如水的惆怅之情呢？

　　有人说，山是静的，代表永恒；水是动的，代表遽变。

　　其实，生命的存在，端赖感觉万物的变动。一撮土，一块山石，任凭它千万年留存在世上，总不会有过去和未来、昨日与今夕之别，哪有短暂永恒的区分呢？

　　当人们偶尔发现一片云影悠然流过水面，像生命在时间之流里投下一瞥影子，于是时间的观念，蓦然闯进了我们的意识。

　　从水的流动联想到时间的遽变，从时间的镜子中寻觅到宇宙的原则，生命的真义。人类的智慧，遂自水波中显透出来。

　　有水的地方，才见智慧的光芒万丈；有水的地方，才见壮志千里，柔情荡漾。

　　圣哲孔子立在水滨，忧戚地感叹道：

　　"逝者如斯夫。不舍昼夜！"

　　在这一声叹息中，隐含着多少对人世的悲悯，多少个人对人类的责任！你不难想见那伟岸的体魄，那雍容的风度，那忧世悯人的双瞳。余音荡漾在川上，荡漾在古今遽变的岁月里。

　　"大江流日夜，客心悲未央。"

　　诗人对于人生如寄的感慨，是如此的深远，是如此的悲凉！

　　生、老、病、死是人生不能避免的变异，无论怎样聪慧伟大的人，都丝毫无能为力，只有怅然伫立在时间之流的岸边，听任造物者为你安排下一个旅程。虽然它给你一支桨、一张帆和一把舵，你是成功的船员呢，还是失败的舵手？且航毕这一程，让风雨与浪涛来评判你！

　　"大江东去，浪淘尽，千古风流人物。"

　　毕竟东坡有不凡的气概，写尽了古今英雄豪杰的沧桑！莫为世事而浩叹，且看水流中有多少历史的辛酸和血泪！

"问君能有几多愁,恰似一江春水向东流。"

深情的李后主,在现实的狂流里淹没了他的功名,他的幸福,只是一江春水的流动之姿,已为人间平添几多诗情画意!

今日的流水与往昔并无二致,只是昔人投下的影子,早已消逝,更何况今日的我亦非昨日的我呢!古往今来,多少人在水中照影,惟有伟大的心灵——智者的片言只字,才能在时间的流水中镂刻下影子,尽管水是流动的,白昼和黑夜,光和影在遽变。

小溪的水涨满了,流着,流着,从山的那一端,流向梦之谷,流向贫瘠的山野。我每次走过水边,总禁不住要照照身影,只看见水中的柳条消瘦了,水中的云影飘远了。我呢? 只怕我的笑,我的泪,都会被水流冲走的。

我不怪溪水不够澄澈,只怪自己在溪水的流动里没有抓着永恒的一瞥。

文章从"溪水"着笔,从溪水的流动立意,"从水的流动联想到时间的遽变,从时间的镜子中寻觅到宇宙的原则,生命的真义。人类的智慧,遂自水波中显透出来",层层推进。在推进中,摒弃了空泛和平淡,融进了名人与名句,投入了自己的感情,显示了本文的特色。

1.找出本文叙述的核心句。

2.本文所包含的思想内涵是什么?

瀑布与石头

◆许达然

> 在你无言的素描里,你拒绝与世隔绝的瀑布。你宁可是无桥的溪中一块石,硬不怕汹涌;不大,但从水面凸出给脚踏过,不稀罕什么雄伟,什么壮丽,也不计较是否被发现了。

在我有声有色的风景里,你是还未被别人发现的瀑布,清高洁白,就是因为那样清高才跌得这样惨,白白把自己交给山谷,咕噜咕噜积成青潭,嬉玩自己激起的泡沫。潭受不了,推开你,你沿路淙淙流荡,最后只好把自己给海,变成浪。

一大早,从暗处倾泻下来的阳光就缠着你不放,还制造影子,让你跳入,你怎样奋力都摔不开。阳光甚至嫌四周不够辉煌,还着色,更不合你透明的性格了。本以为入夜就可免除这些干扰,偏偏月有时幽柔,下来照亮你的山歌。

你的山歌总是奔放,然而即使在晚上都唱不出什么名堂。虽激昂如进行曲,也不过使附近无法行军的树边听边摇边叹而已。既然活在你这洪亮的声音里,那些树只好日夜叹息。

鸟曾来过。不能啄你的清高,也不能栖息在你的清白上,怎样重奏合唱都比不过你,你又吵得潭里无鱼。鸟不愿在长年不安定的树上造巢,飞走了。

风总是来。不能在总是在冲动的你上面雕刻什么,又抱不走你。它一用力,你就和它挣扎不清。它若发怒挟雨而来,你淋久后也激动,竟不管下面已泛滥,还往下冲,你觉得很不英雄。

因为是水,跌不死,所以才总是那么壮烈。其实你并没有自己,只是水总在推,只好向前,向前,不能再向前时,只好嚷着向下跳。总是跳跃,无时间思考,你觉得没什么可赞美。

不能赞美的也是只愤怒却不知在咆哮什么,整天就落进自己的呐喊,自听自赏自鼓掌。虽然你的激情感动不了山的淡漠,你仍然坚持力的表现;然而没被发现就不能发电,你觉得寂寞。

在你无言的素描里,你拒绝与世隔绝的瀑布。你宁可是无桥的溪中一块石,硬不怕汹涌;不大,但从水面凸出给脚踏过,不稀罕什么雄伟,什么壮丽,也不计较是否被发现了。

本文是一篇寓言体散文。它运用拟人和象征的手法,刻画瀑布和石头的形象。瀑布,是君子的象征。石头是硬汉的象征。作者把对人生的体验和理解,把对社会的观察和了解,融进自己所营造的意象中,令人回味无穷。这篇散文具有诗一般的意象和诗一般的含蓄。

1.文章的题目有什么象征意义?
2."瀑布"和"石头"拥有不同的形态和品格,作者怎样描写它们的个性?
3.说说本文蕴含的哲理。

瀑　　布

◆饶阶巴桑

　　　　瀑布落地就大声怒吼,/咬碎一路坚沙顽石兴
波东赴。

一泓山泉在苍苔中飘拂,
义无反顾地跳下悬崖深处,
有人叹息人间从此没有水了
——它恐怕跌得粉身碎骨。

瀑布落地就大声怒吼,
咬碎一路坚沙顽石兴波东赴。
有人惊喜从此人间有希望了
——借它的性格去寻找出路。

诗作并不单纯地摹写瀑布的奔泻形态,而是寄托着诗人对社会人生的深切体察。瀑布,熔铸进了义无反顾、坚定奋进的精神。与其说诗人描写了瀑布的形象,不如说诗人塑造了瀑布性格。诗

作把自然人格化了。

放飞思维

1.诗人是怎样塑造瀑布的性格？
2.以"瀑布"为题有什么象征意义？它的深刻含义是什么？

品　泉

◆殷　颖

> 自然的泉水,哪怕是涓涓细流,也有一种天然
> 的韵致。

我自小便对泉水有一种神奇的感受,即使是一泓小小的泉水,我也能体会到它的生命力,而呆呆地看上半天。我第一次受到泉水的震撼,是刚到济南的时候。那里是一个可爱的水乡,济南的七十二泉,名闻全国,而以趵突泉为最。记得我去赏趵突泉时,见到由水中突出、不舍昼夜的数尺高的水柱,看得神往不已。济南真是一个泉水充沛的地方,每一口水井的水都涌满到地面,人们可以拿茶杯在井中舀水,绝不需绳索等工具。甚至用一支筷子往地下一扎,拔起来便是一线清泉。而济南又是一个十分干燥的地方,一点也不潮湿。我在全世界走过许多城市,还真找不到一种那样可爱的泉水之乡。

我也喜欢探索泉水,最难忘的一次是远征以色列的北部,到山林中去找寻全长160里的约旦河水源,当我们寻到那一股泉水的源头时,那种喜悦真是难以言述的。

泉水要自然发生的才可以观赏,今天的人工泉水到处都是,连日内瓦湖中举世闻名的一线天,泉喷出湖面数十丈,由远处看去,高与山齐,也仅可衬托湖山之美,泉水的本身并不足观。自然的泉水,哪怕是涓涓细流,也有一种天然的韵致。

古人枕流漱石,才是品泉的高士。泉水之异于自来水,是因为它未经过人工的"卫生"处理,未失自然,水质保持原味,因之无论煮茶、酿酒都有自然的芳香。故乡崂山的矿泉,便是泉水中的上品。今天各种加工的饮料充斥市面,但要想喝一日清冽的泉水,却是难得的享受了。

物质的泉水如是,心灵的泉水亦然。当你将心中的一切俗务沉淀,让心灵挣脱七情六欲的枷锁,名利现实的羁绊,让明透的思维与情绪,自然地由心潮中升起,无论是澎湃的思潮,或涓涓的情致,发而为一首诗,一篇文,或一支歌,都是一种珍

贵的泉水,可以耐人品尝,而滋养人的性灵。

文章透过对泉水的描述,赞美泉水"天然的韵致"和具有如泉水一样品性的文艺作品。文章如清风明月般淡雅,却不失其深,所言者不可谓不小,却不失其大。

1.作者从泉水中感受到了它的生命力,是如何把生命力具体化的呢?

2.作者探索泉水的结论是什么?

3.文章由物质的泉水"触及"心灵的泉水,揭示了全文的主旨。归纳出本文的主旨。

沙 之 聚

◆张抗抗

那沙子是如何一粒粒汇拢堆积聚合又浑然一体地升高壮大呢?

千里河西,十日陇上之行的最后一站——敦煌。

去敦煌不全是为了莫高窟。我明白,却不能说。其实心里惦念了很久的,是茫茫大漠中那座神奇的鸣沙山。

人说在清朗干爽的风天,傍晚时分,在山脚下能听见沙子呜呜的鸣响。伴着月牙泉汩汩的水声,这鸣沙山就是沙漠中的音乐之城。

血红的夕阳隐去山后,天空纯金一般烁亮。鸣沙山从尘埃中静静显露,眼前一片混沌的金黄。天低了,地窄了,原野消失大海沉没,惟有这座凝固的沙山,如同宇宙洪荒时代的巨型雕塑,矗立于塔克拉玛干沙漠的起点或尽头。

也许最初的创造只是出于一场无意的游戏。千古寂寞,朔风把大山和岩石揉成沙砾;然后又把白灼的细沙重新捏成一座山岩——当鸣沙山成为鸣沙山时,它已是一群雄健而威武的西北汉子,壮硕的脸膛上刻着重重的深造而峻峭的线条。绵延的山脊如一道锋利的刀刃,挎于腰间,举过头顶。曾在梦里见过许多回的鸣沙山,在这一刻却忽然变得不那么真实——曾有过千姿百态的想像,可就没想到,一

89

座沙子聚成的山,居然能聚得如此刚硬,如此棱角分明。

那沙子是如何一粒粒汇拢堆积聚合又浑然一体地升高壮大呢?

我读不懂鸣沙山。

脱去鞋袜。光脚走上沙丘。沙极细且柔软,有一种温热的暖意,从脚跟缓缓升起。沿着山脊上坡,瘦削的山顶如地平线在远天呼唤。沙中的脚窝很深,却不必担心会陷落,沙窝似有弹性,席梦思般的托着,起起伏伏沉沉浮浮,跳着即兴而随意的舞蹈,在自己身后扔下一长串荡逸的脚印,是沙漠之舟……

忽然恍悟,沙山原来还很温柔。

沙山的温情别有一种表达的方式。天下也许再不会有比鸣沙山更坦率的山了——它从来没有外衣也没有包装,没有树林,没有青苔,只有金沙连着银沙,一无遮拦地铺陈开去,裸露的身体无需任何一点覆盖,从从容容地展示着它优美的体态和曲线。坦坦荡荡,清清白白,冷峻中含着几分柔韧,野性中尚有几分羞怯,从春到冬,永远敞着胸怀,呵护着来往西域的路人。

我惊异我惶惑。我读不懂鸣沙山的性别。

夕阳已完全沉落。月亮从大漠尽头悄悄升起。沉浸在月色中的鸣沙山,如海上漂流的冰峰,烟笼雾绕,白璧无瑕。沙峰之顶,更加仙山琼阁,难以企及。回望身后,沙坡笔陡如削,四壁悬空,果然有降落伞的旅游服务,可以山坡上逆风一跃,降落到海绵般的沙谷中去。

月色迷茫,星星深远。亘古大漠,冷峻寂然。有凄凉的风,从沙底一丝丝透出来。那个时刻,我相信永恒。

也许是风,是风之手,在人们歇息之时,抚平了沙山的每一道印痕;又将沙子驱回它们原来的位置,将它们重新凝聚,重新整合,重新磨砺。每日每日,风都这样不知疲倦地完成着它手中不朽的雕塑。当人们发现风儿揉捏了修复了再造了沙山时,风已飘然而去。

沙之聚,有自由的风之手。那么人心呢?人心之聚,更如八面来风;若是一盘散沙,解铃还须系铃人——风聚沙,便是一个顺其自然,循序渐变的演进之途。想必是,当风参透了沙子的心,风的需要成为沙子的需要时,沙子就自己走动起来,舞蹈起来,最后完成它的屹立。

声声驼铃,在大漠上丁东远去,鸣沙山,却无言。

心灵体验　鸣沙山,一个让人向往的名字。鸣沙山是一座至刚至柔的山。鸣沙山是风儿雕塑的山。作者把风和沙统一起来,构出一幅令人向往的沙海图。文末,笔锋一转,转入现实中来,让人沉思。

文章具有清澈明静的柔美与直述胸襟的豁达。

1. 鸣沙山是怎样形成的?它具有什么特点?
2. 作者由"沙之聚"引出"人心之聚",你是怎样理解人心之聚的?

遥 远

◆（台湾）林文月

面对着汪洋一片,水外有山,山外有水,应该
引起故国之思,至少也该有些什么感慨才对。

我坐这张室外用的塑料椅上眺山望海,恐怕已经有好一会儿工夫了。

因为原先那一片一片在阳光下耀眼的波浪,现在看起来已柔和很多,而从左右两侧延伸过来的层层山峦,方才分明是清清楚楚,此刻竟有些烟雾朦胧起来。

这张椅子的高度有些不对劲,或者是那新漆过的白色铁栏杆有些不对劲,埋坐椅中,那条横的白一色,正好挡在天水相连的部位,把天与水硬是隔绝了。我几次试着把椅子的位置挪前移后,也只是造成分隔线的高低差别而已。如果直挺腰身坐着,倒是可以看到比较完整的山水景象,可是这样子太累人,所以最后选择了把椅子拖到栏杆边的办法,而且索性将两臂搭靠在这条白栏杆上,有时甚至还把头枕在双臂里,侧眺山水,倒也别有情趣。

我所以敢这样恣意采取自己喜欢的姿态看山看海,是因为今天下午整个"雅礼宾馆"突然变得空寂无人的缘故。那些经常在早餐桌上见面的过客们,有东方人,也有西方人,白皮肤者有之,黄皮肤者有之,更有棕色皮肤的来自各地不同的人,不知为何,今天下午忽然全不见了。猜想,也许有的人正在演讲,有的人正在访问,或者也有人到一小时车程之外的城区去购物观光也说不定。天气这样好,实在没有道理守在这个房子里。但是,我自己竟然在安排十分紧凑的节目当中,意外地捡到这一整个下午的空白。

午餐后,曾小睡片刻。真是有些不可思议,在台北经常失眠的我,居然会跑到香港来午睡。大概是连日来天天会见各种各样的陌生人,无形中增加的心里紧张,今天突获松弛的关系吧。

午睡后,觉得精神爽朗无比,便在宾馆内四处走动了一下,却没遇见一个人,

91

连住在底层的陈嫂那肥胖的身影都看不到,遂上得二楼的这个阳台来。

起初,我是站着凭栏眺望的。

有人告诉我,在那左右延伸而来的山峦之后,是湾外的海水。海水之外,更有远山模糊,而在模糊的远山之外,便是祖国的泥土。我从阳台下坡顺序一路追寻过去,心想,拍打着这山脚下海滩的每一片海浪,应该也往返过大陆那边的海滩才对。可惜肉眼的视力终究有限,即使像今天这么晴朗美好的下午,都无法看到什么,所能捕捉到的,只是近水远山,以及一些更远处的想像罢了。

周遭安安静静。

这与我过去匆匆路过所见的香港,迥异其趣。此前,印象中的"东方之珠",是热闹、拥挤、喧扰无秩序,甚至是虚有其表的繁华都市。真没有想到,如今竟会有这一大片安详的空气围绕在身边。我舍不得辜负这个新发现,所以挑了这张椅子坐下来。

面对着汪洋一片,水外有山,山外有水,应该引起故国之思,至少也该有些什么感慨才对。然而,此刻当我专注于眼前的山山水水时,却无着意培养正气或玄思的念头,只觉得无比松懈,于松懈之中,又似乎有些茫茫然之感。

这个时候的心境,连自己也莫以名之。好像在想一些什么,却又说不出是在想什么,但心中分明不是空洞的。我知道有些情绪自心底深处再冉升起,但又瞬即飘忽逸去,似乎在怀念着什么,然而更像是在忘怀着什么。这种心境该如何称说呢?一时找不着适当的字眼来形容。也许可以说是遥远,就称做"遥远"吧。

心灵体验　　作者从视觉及想像两个方面来表现可望而不及的"遥远"之意。从表达自己的感觉方面来说,作者以其婉约的笔墨,从主观感受和体验这个角度,来表现若隐若现,如有似无的"遥远"之意。朦胧的情韵和素淡的情思,使文章在内容和形式上和谐地统一起来。

放飞思维　　1.本文以"遥远"为题,给人一种怎样的感觉?
2.贯串全文的线索是什么?

德 天 瀑 布

◆肖复兴

> 德天瀑布只是一任自己在夏季赤身裸体敞亮
> 而痛快淋漓地飞驰着，在冬季枯水季节里瘦弯了
> 腰肢，披上了金色落叶的裙裾袅娜地流淌着。

德天瀑布，其实在那里漂亮地存在了几百年，甚至上千年了。但是，我们不知道。我们知道贵州的黄果树瀑布，知道黄河上的壶口瀑布，知道因李白诗句闻名的庐山瀑布，甚至知道横跨美国加拿大两国的尼亚加拉大瀑布……但不知道这个世界上还有这样一个一点儿也不比它们差的德天瀑布。德天瀑布只是一任自己在夏季赤身裸体敞亮而痛快淋漓地飞驰着，在冬季枯水季节里瘦弯了腰肢，披上了金色落叶的裙裾袅娜地流淌着，和寂寞开无主的山间野花一样，花开花落不间断，春来春去不相关。

自然界的风光，美丽不在于人们知道后对它的赏识，而在于自身在寂寞中成全了自己的女儿身。人们不知道它之前，哪怕经历了成百上千年悠长的岁月，它依然能神奇地保持着自己的青春，而当人们一知道了它之后，它便极其容易地迅速衰老。

出广西南宁往西走100多公里，到大新县城再往西南走，看见路越走越细，当两边的山峰一座座忽然变得像是桂林般的秀丽模样，青翠欲滴地挽着手迎面走来，山脚下开始淌起清澈而清白得不带一点污染杂质的河流，河边长满婀娜多姿的凤尾竹古老参天的木棉树时，德天瀑布就在眼前不远的地方了。爬上高高的山坡，眼前是一片蓝得水洗了一般洁净得近乎透明的蓝天，突然听到一阵阵轰鸣声似乎是从那蓝天的深处由远而近地訇然抵达你的耳畔。轰鸣声浑厚，却不像雷声那样带有嘈杂的喧嚣，而是夹带着湿润的气息，仿佛服用了金嗓子喉宝似的，声音里浸润着晶莹的水珠，听来如同嘹亮而清新的法国圆号或木管从悠悠的云层中荡漾在你的面前。那花开一般绽放出层层涟漪的，就是德天瀑布。

这时，我们已经站在了高高的山坡上，德天瀑布在脚下一览无余。它的后面便是越南的土地，它的右边还有一条瀑布，但已属于越南了。如果是夏季，这两条瀑布会连在一起，浩浩荡荡地飞奔而下，会像是一支巨大的排箫，千孔万孔地喷涌出冲天的水柱，奏响轰天的交响，在天地之间响彻激越的回音，义无反顾地投奔在烈阳蓝天之下，迸碎出万千朵如雪的浪花。有时会想，山和山永远不可能走到一起，

93

但水哪怕隔开得再远,却可能走到一起。眼前的德天瀑布不就是这样吗?在冬天,它们会分离,在夏天就又走到一起,说它们是跨国瀑布当然可以,说它们像是一对情人瀑布,不也分外恰当吗?

它们飞奔而下流淌进脚下的深潭里,然后顺着山势流成一条蜿蜒的河。阳光下,那一泓潭水碧绿如同一块凝结的祖母绿宝石,娴静得和头顶龙吟虎啸的瀑布呈鲜明的对比,仿佛是一对情人瀑布出生的一个和它们性格截然不同的孩子。潭中有点点竹排在安详地荡漾,那上面坐着的有中国的也有越南的游客,而瀑布上面的界碑旁正有挑着担子的越南妇女穿越边境走回她们的家乡。如果想一想几年前这里还曾经布满地雷,战争的影子笼罩在这里,便会明白德天瀑布为什么长久地藏在深山无人知的原因了,便也会明白如今渐渐游人若织让德天瀑布一下子声名大振的难能可贵。

到德天瀑布来,让人感受都市里已经断然没有的这一派天籁的壮观,让人感悟人与自然的关系的同时,也让人体味战争与和平亘古以来绵延的话题。便会发现德天瀑布的背景是那样的与众不同,它的背后是苍茫的群山和茂密的森林,起伏着,摇曳着,在南国的风中诉说着无声却动人的语言;它的头顶是湛蓝的天空和灿烂的太阳,没有鸟,有白云飞过,有花香弥漫。德天瀑布就在这样的背景下,几百年、上千年,流淌着,飞奔着,飘洒着花香,携带着云朵,吸收着山脉和树木的精华,融化着太阳和夏天的热量,将每一颗水珠挥洒得那样淋漓尽致,那样自由自在,那样得天独厚。

入夜,苍山无语,密林静寂,一弯新月,几珠残星,点缀得孔雀蓝的夜色美丽得如同动人的童话。万籁俱寂,只能听得见德天瀑布轰鸣的声响,那声响在夜色中轰鸣剧烈,却显得是那样安静。如今,旅游景点灯红酒绿、笙歌筵喧、亭台楼阁,热闹的有的是,安静的却越发难找了。德天瀑布夜不成寐所发出的彻夜轰鸣,只是为提醒我们要好好珍惜大自然给予我们人类的这越发稀少的天籁与安静。

这是一篇游记散文,作者以悠扬的笔调为我们介绍了一个埋没多时的旅游景点——德天瀑布。全文精巧优美,在自然风光的介绍中娓娓道出人与自然的关系问题,令人在欣赏美丽景色的同时,更加感受到自然和谐的伟大魅力。

1.通过作者的介绍,你认为德天瀑布最独特的地方是什么?

2.你的家乡有没有比较出名的旅游景点?试着介绍给人们。

　　梧桐的生长,不仅是绿的生命的运动,还是一道哲学的命题在验证:欢乐到来,欢乐又归去,这正是天地间欢乐的内容;世间万物, 正是寻求着这个内容,而各自完成着它的存在。

梧桐的启示

　　生命原就是这样,有些在成长,有些在凋萎。事实上,成长固然是种喜悦,成熟的凋萎却也未尝不是壮烈。我们往往太过于重视表面的荣华而忽视了实质的意义,以至于有分享繁华绚烂的高雅,却未必能为它们的成熟凋萎赋予一份较为踏实的感情。无怪自古以来,落花给人的,多是不尽的哀伤。

巧 见 枫 红

◆毕 璞

> 这满树的红叶，远看像是印象派画家大笔一
> 挥的一片红晕；近看却是脉络分明，颜色有浓有
> 淡，是大自然匠心独运的杰作。

世间上的许多事情，往往都是有意栽花花不开，无心插柳柳成荫。我想看红叶想了几年，一直没有时间去看，也不知到哪里去看。想不到，有一天在无意之中，却让我在乡间的一条小路旁边，遇到了我梦中的红树。

那一天，天气好得不能再好，晴朗而没有风，还有点儿暖洋洋的，是冬日里的小阳春。我和一位友人到乡间去散步，我们发现，在公路旁边有一条岔路，没有车子的干扰，于是，我们就信步走了过去。这条岔路，一边是农舍，一边是稻田和竹林，放眼只见绿油油一片，一开始，就给人好的印象。渐行渐远，房舍渐稀，林木渐密，还听到了水声潺潺。路也渐行渐陡，原来我们已走进山里。路的右边开始出现了一道奔腾跳跃在石头上的山泉，水很清冽；有时还很湍急，形成一道道的小瀑布。

远处，山石峥嵘，气势雄浑，近处，石壁缝中绽生着不知名的野花和密密麻麻的羊齿类植物。路的左边，是大片大片的竹林，以及偶然隐现在竹林中的人家。山路上，一个行人也没有；只有我们俩的脚步声回响在幽静的山间。

然后，我们就在路旁一个小小的山坡上，发现一个小小的枫林。先是那片红于二月花的红云吸引了我的视线，我抬头又看清楚那些掌状叶。"是枫树！是变红了的枫树！我终于看到了我梦中的红叶了。"我狂喜地在内心呐喊着。

说红叶也许并不能完全形容这些枫叶的颜色。事实上，秋后经霜的枫叶是由绿变黄，由黄变成橙色，再由橙变成红色；最后，由红色变成褐色然后枯落的。由于这几棵枫树变红的时间不一；所以，那天我们看到的一棵枫树的树叶是鹅黄色的，一棵是橙红色的，另外几棵是红色的，有深有浅，色彩绚烂而和谐。透过阳光，这些叶子就像是用黄宝石、琥珀、珊瑚、玛瑙和红宝石做成的，玲珑剔透，满树光华，说有多美丽就有多美丽。这满树的红叶，远看像是印象派画家大笔一挥的一片红晕；近看却是脉络分明，颜色有浓有淡，是大自然匠心独运的杰作。

我们徘徊树下，看了又看，流连不忍远去。平生第一次看到不止一棵以上的红枫，我心中的兴奋之情，实在难以形容，只恨不得把双眼变成了摄影机的镜头，把它摄进心版里去。我知道：在大陆的北方想看红叶一点儿也不稀奇；然而我这个南

方人,可是头一遭啊! 本省到处有枫树,可是由于气候温暖的关系,极少看到变红的。我们这次的巧见枫红,不能不说是一次奇遇。

我们在树下逗留了许久,看了又看,直到日影渐斜,山风渐劲,才恋恋不舍地循原路离去。我在地上拾起了两片完整的枫叶,一片是深红的,一片是橘黄的,我要带回去夹在书页里,作为今日此行的纪念。这种似乎很幼稚的行为,使我觉得自己又像当日做学生时在旅行,一定不忘带回几片叶子、几颗卵石、几枚贝壳一样。不过,双眼到底不是摄影机,无法把景物摄入心底,我又怎能不借助于外物呢?

本文写个人的梦想成真,通篇洋溢着惊喜。作者以闲适恬淡的文字表现出农业社会和工业社会交替的过程中人们对自然所怀抱的一种微妙情结。

1. 谈一谈本文和陶渊明的《桃花源记》有什么相同之处。
2. 作品描写乡间景色对展现枫林世界有什么作用?
3. 贯穿这篇文章的线索是什么?作者巧见枫红思想感情发生了怎样的变化?

读　树

◆谷世泰

树啊,小兴安岭上的树,我看却是一部书,内里含着真、善、美,不信你也去读读。

林区人,接触最多的便是树。走路,离不开树的队伍;吃饭,围绕着树的家族;睡觉,常有树木做伴儿;一年四季,都能听到树的欢呼! 看多了,品久了,倒觉得:树类的特色和品行很值得人类这高级动物留神注目呢。

树色——千变万化

可不要认为这小兴安岭林区的树色都是绿的。即使在夏天,冷眼看去,那树虽都绿,可仔细瞧来,绿得成色有差异:淡绿、浅绿、灰绿、墨绿、油绿、葱绿、银绿、金绿……这绿的种类,就是在美术大师的神笔下,也难以调匀、描齐、写全、涂准绿的层次,绿的布局,绿的壮美,绿的新奇。可在这树的海洋里,却绿得自然、和谐,绿得纷呈、秀丽!看得出,那世上真正美的东西,可不是什么能人靠妙笔生花,精心描绘得了的。若是到了"一年一度秋风劲"的时候,树的颜色很快就变得万紫千红,绚丽无比了。红松的叶子虽说依旧绿,却是绿得深沉、凝重,绿得顽强、刚毅!有道是:"霜打草木多变色,我自岿然翠如许"嘛。

楸树的叶子变黄了。先是青黄,接着蛋黄,继而金黄,最后枯黄。别看枯黄不好看,可那青黄、蛋黄和金黄却满能诱惑一些人的眼目哩。尤其那金黄,黄澄澄,金灿灿,亮晶晶,光闪闪。比金子还能撩拨人的眼睛,搅动人的心绪呢。

枪树的叶子也跟着变。为什么不变呢?既然保持不住绿的本色,又不甘心跟着楸树一块儿黄,就得想法变个色。结果呢,由粉红,到朱红,再紫红,最后变成了黑不溜秋的红。这四步红,除了黑红不那么讨人欢,前几步红还真能招引一些人的青睐呢。也许是它在紫红的时候,骗取的赞扬太多了,由此昏昏然,飘飘然,误以为越红越能招人儿恋。最后呢,红到极处,变黑了,变得令人望而生厌了!

树的色彩呀,奇啦!

树形——千姿百态

树的形态固然直的多。可若走进大森林的里头,就会发现那些弯、斜、倒的树,随时都能看得见。对于直的树,也不要轻易下断言。直的都好吗?未见!我看过两棵树,虽都"挺且直",可本性不一般。一棵是高高巍巍的大红松,一棵是标标溜直的水曲柳。她俩膀挨膀,长得肩并肩。赶在一个狂风大作的暴雨天,哈!"咔——嚓"一声雷,正好劈在了两棵树中间,随着一道火光起,"腾"地冒出一股烟。再瞪眼看那棵大红松,呀!枝干削去了一大半儿。而那棵水曲柳,却身形跟着变,左右不住地摇,上下直打颤,却枝儿没掉,桠儿没残。谁看了都觉得有点怪。其实呢,松性刚,刚易折。柳性柔,柔易活。

那弯的树,有的弯得特别怪。一棵老树,不但主干弯,连那枝枝桠桠也跟着弯。弯得离奇罕见,变得与众不凡。想伐倒它,不好装车运。想破木板儿,又出不了多少材。要不是山大地广容了它,早该砍倒了省得碍眼!想不到,一次偶然的机会,被外来的一位园林专家看中了,一再"啧啧"叫绝,称它是"林中珍品","树中奇才"。"要能搬到大城市的公园里,准会颇得中外游人的喝彩,门票能卖上大价钱!"只可惜,它生在边塞无人问。

那斜的树，多是受风害形成的。可虽说都是斜身树，气质、命运不一般。有的斜身树，原本就没站牢，狂风一来就歪了腰。实指望靠着一棵大树能活命，结果呢，两棵树一块掘了根儿，只落个斜歪着枯干朽叶的死身子；但也有的斜身树，风骨依然正。原因是，大风袭来时，她自知力气小，纵有满身的劲，也难抵得了。虽然被风吹斜了，树根却能抓住石上没动摇，顽强地吸收着营养，艰难地同凄风苦雨抗争着、拼搏着。再看那干、枝、叶儿、梢儿，长得郁郁葱葱，依旧繁繁茂茂。

那倒的树，倒得有学问。有的倒在了阳坡显眼处。外皮儿烈日晒，内里潮气闷。过了三五年，生了虫子，发了霉，心才腐朽，空了壳儿。遇上了捡倒树的人。一看外表还可以，运回去一用愣了神：朝阳的东西不都好啊？天下有奇闻！但也有的风倒树，倒在了阴坡水沟里，虽然寂寞无主遭冷落，外表长着青苔鲜，却内里泡水没变质。只可惜，识才识货的太少了，走到她跟前，只看外表那层青黄杂交的腐朽皮儿，不知道其内心洁白无瑕疵，还是丢了她。谁晓得：在这森林世界上，倒在阴沟里的竟有那么多经久不变的好东西！

树的形态呀，怪啦！

树情——千丝万缕

树还有情吗？真的！若不怎么会有"祖孙树"、"朋友树"和"情侣树"之称呢？

30多年前，我看见一棵大青杨。树高几十丈，树粗像堵墙。老态龙钟的树底下，竟然生出了十几棵绿盈盈、水灵灵、直溜溜，挺拔拔的小幼松。后来一了解。幼松怕强光，若不是这棵"祖宗杨"天长日久给遮荫，那些孙辈的小树苗儿，早就日晒风吹见了阎王。可贵的是：这祖孙并不是同性（姓），一个姓杨，一个姓松，一老为众少，谁能理解这感情？"祖宗杨"时时刻刻都在为保护身边的小幼松尽心尽力，不顾自己。而今，那"祖宗杨"老去了，当年的那些小幼松却长起来了。这成长起来的新一代那"祖宗杨"同样有感情，她们厮守着"老祖宗"的故地，多么深厚的情意！啧啧！

那"朋友树"，原是两棵小叶儿杨。粗细差不多，高矮一个样。从树根算，相距足有三四步。想不到，竟在胸高树干处，她俩相勾连体了。不同的是，一棵长在山道边，裸露的根须砍光了。一棵扎在肥土岗，充足的营养同分享。猜不透，究竟是人工嫁接的，还是树的心肠太善良？那患难与共的朋友情不怕雷电轰，没顾风雨狂。始终拆不散，好得那么长。竟然不怕受株连，让人难思量啊！

那"情侣树"，原是两棵国籍不同的树，偷偷摸摸处上了。一棵地产老山榆，长得粗又直，看上去正在壮龄期。一棵引进的中东杨，却是细又娇，个头儿比山榆长得高。两树相距十几米，那榆树的须根绕过两块卧牛石，硬是把杨树的细根缠住了。杨树看来也有意,歪着树梢儿勾山榆。而山榆拿捏着不睬。

山风过来阵阵劝:"要爱,就该爱得痛痛快快明明白白,大大方方,实实在在!"

谁知道这对"情侣"怎么想的呢?

树的情感哪,绝啦!

你说树木没思想!看色彩,比形态,论情感,给我很多的人生感悟。树啊,小兴安岭上的树,我看却是一部书,内里含着真、善、美,不信你也去读读。

这篇散文的作者从"读"树的色彩、形态、情感等三个方面来感悟人生世态万相,给人以深刻的启示,让读者回味无穷。

1.读书,给人以知识,给人以力量。读树,能给人什么启示呢?

2.试着去读一棵树,看看你能读出什么?

木棉花开的路

◆(台湾)张香华

第一次在地上发现这些焦黄而花瓣却仍完整的落花,在来往行人的脚边躺着时,我忍不住"啊!"地叫出声来,心里有种缩成一团的难受,仿佛一个希望被击落。

美丽不一定要悲哀,而悲哀也不见得神圣。

这条路的两侧栽满了木棉花,当初,不知道是谁的主意。

去年冬天,我每天都要在这两排木棉花树下穿梭而过,早上上班的时候走右边的一排,黄昏下班时走左边的一排。我的步伐总是匆忙而仓促,心头却充满了寂寞和空虚。就像我经过的这两排树,整个冬天不着一片叶子,露出光秃得有点儿滑稽的枝丫。我在树底下穿行,一面数着步子,有意地把树与树的间隔,调整成相同的步数:"一、二、三、四、五、六、七、八……"这个动作使我联想起某些现代舞中常用的象征布景,抽象而空洞,仿佛我正在整座漆黑的戏院里,明亮的前台上裸露自己的荒凉。一抬头,望着这些无花、无叶的木棉花树,加倍地感觉到她的孤兀和贫寒。

日子过得十分忙碌，每一个空当都排满"节目"。比起这两排栽种得疏离的木棉花树要密集多了，我这么想着。除了日夜努力地工作之外，一有余暇便要排一连串的活动，各种座谈会、聚会、听讲演，有时也被人拉上台去。此外，我有丰富的兴趣，去参加桥艺、摄影、网球、旅游……连着几次找不到我的一些朋友，调侃地给了我一个外号——陀螺。我想，岂不是吗？有一天，我会不会真的像一只疲倦了的陀螺一般躺下来，不再旋转了呢？到那时，南北东西的方向又在哪里呢？为了冲淡一场破碎后的悲哀，我把生活过得像亡命一样的紧张，我不给自己留一点闲暇，我不能让情绪这种东西乘隙而入。

一个晚冬黄昏的海滨，我在沙滩上徘徊，望着一轮即将西沉的落日，周围的云块镶着灿金的边，清冷的空气中传来细细的潮音。在我站立处不远的上方，一个教会的青年伙伴们，正在举行营火会，一大群弟兄姊妹围坐在一堆柴火前，脸上闪耀着异样动人的神采，一阵好笑之后，有人建议齐唱一首圣诗："你的小手在上帝的大手中"，我谛听着他们和洽的歌声，不禁慢慢地朝着几位向我招手的方向走过去，加入他们简单而轮回的齐唱，心中似乎有一丝安详。然而，告别的时刻终于要到来，回程上，我拳握住双手，插在空荡荡的衣袋中取暖，一面疑惑地想着，上帝的大手啊，你在哪里？

"你要制造机会，抓住机会。你别老窝在屋里，你应该多出去走走。"坐在我办公桌对面的女孩——李，每次总是充满了自信地报道她的新获之后，这样教训我。其实，她哪里知道我对生活中的每一处走动，早已疲惫不堪。每一站的逗留总是匆匆；像远航的船，老是在岛屿与岛屿之间逡巡。这一天的晚饭时分，我接到她的电话：

"喂，在木棉花路上开了一家瑜珈素食，我们去尝尝……"这是她日间在办公室向我提起的，她的一项新的热衷。

"瑜珈素食真的对人体健康有帮助，使你血液循环……还有，有人练了一段日子之后能通灵……"她的兴趣永远有理论根据，兼有例证。而我矜持的却是我的感觉，和一份特异的个例，对于充满了理论的事物，我现在满心的厌倦。所以，当我没有答应赴她的邀约，我开始担心明天她又会在办公室教训我了。

总之，这是一个低调的冬天，理性与感情都移了位。

奇迹的发生是，入春以来，这两排树突然纷纷结出花蕾，不久，花朵一一盛开。像张开的手掌一般大小，淡黄的、橘红的，开满了每一棵树的枝头，使走在下面的我，心中升起了绮想。我幻想着每当夜晚，这些花朵就会变成天空垂挂下来，不发光亮的星星，在离我们头上咫尺的上空悬着，真有说不出的奇妙感觉。此刻，我的心真像花，像星星那样开放、灿烂着。这些并不婀娜，也不起眼的木棉花，就这样开在仍不着一片叶子的树上，的确构成了一种奇异的景致。这，毕竟是她一年中最璀璨辉煌的时光啊。

像所有灿丽的时光,结束总是来得太早。这些花、星星,过不久,开始一一凋落。第一次在地上发现这些焦黄而花瓣却仍完整的落花,在来往行人的脚边躺着时,我忍不住"啊!"地叫出声来,心里有种缩成一团的难受,仿佛一个希望被击落。看到这些花的陨落,逐渐落满街道两旁,直到人们踩在她们之上,也一无所知,我不禁悲哀地问道:"为什么她们只有这么短短的花期?"而抬头之际,树上残留着还不肯凋落的几朵木棉花,在夕照的敷染之下,仍透着一抹烈亮的惊艳。

结束一个漫漫长冬的恶寒,规划迎接一个欣然的春日。我的心中也有了憬悟,美丽不一定要悲哀,而悲哀也不见得神圣。一念之转,寒冬已过,春意正浓。正如不知道当初是谁在这路上栽满木棉花树的,不知道是谁的手笔,把我移植在春日的园林之中。

如今,木棉花树已收回了她所有的花朵,取代出现的是青翠油绿的叶子,一片片轻盈而柔软。数日之间,每一棵树都长得如盖、成荫。等车的人们就把她当做伞,躲在她的阴凉下,任头上的叶子在微风中摇动,透着初夏的清凉。啊,夏天已近了。

从木棉花的花开花落可以窥视作者的喜、怒、哀、乐的变化。在文中作者以深沉的、舒缓的节奏吟哦"冬天",以活泼、明快的调子歌赞"春天"。透过这些抒写,读者可以感受到作者脉搏的跳动,内心的活动。

1.木棉花的花开花落暗含作者的心情发生了怎样的变化?
2.文中的"冬天"和"春天"具有什么象征意义?

落　花

◆（台湾）白　辛

> 我看那些花瓣，虽是凋落了的，却似乎还存在
> 着生命，薄薄的、粉粉的、嫩嫩的，每个形状真都像
> 一个角币，淡黄的、鹅黄的、橙黄的色彩敷着它们，
> 显得明丽异常，一点儿也不使人有凋零的悲哀。

　　早晨的空气，清清淡淡的，像夕阳下轻跳林间深谷的一弯清流。我漫步到那棵树下，一个小孩正摇着竹帚在清扫一地落花。仰头望望，那是棵类似凤凰，但不叫凤凰的树木，叶片儿老得没有一丝新意，却还缀着一树橙黄的繁华，这季节，该是枝头萧索的时候，那繁荣的劲儿，反让人有几分畸形的感觉。

　　"这树叫什么？"我问那个小孩子。他颊上的红晕给我健康和明朗的感觉。

　　"我不知道，"摇摇头，他说，"他们都叫它钱树。"

　　"为什么？"我说，"为什么你们叫它钱树？"

　　"你看！"他捧一把花瓣给我，"像不像一毛钱？"

　　我看那些花瓣，虽是凋落了的，却似乎还存在着生命，薄薄的、粉粉的、嫩嫩的，每个形状真都像一个角币，淡黄的、鹅黄的、橙黄的色彩敷着它们，显得明丽异常，一点儿也不使人有凋零的悲哀。

　　生命原就是这样，有些在成长，有些在凋萎。事实上，成长固然是种喜悦，成熟的凋萎却也未尝不是壮烈，我们往往太过于重视表面的荣华而忽视了实质的意义，以至于有分享繁华绚烂的高雅，却未必能为它们的成熟凋萎赋予一份较为踏实的感情，无怪自古以来，落花给人的，多是不尽的哀伤。仔细思量起来，它们未尝不是懂得生命真谛的一群。当生命属于它们的时候，无拘无束，尽情地迸放；当生命宣告不再属于它们的时候，痛痛快快地离去，洒脱、豪放至极，比我们虽然拥有生命之名却无生命之实的人，不知高明几许？过去，当我还不愿深思的那段日子，一片落叶，一朵落花，常使我兴起无限凄伤，看它们无声地萎落，我几疑那正在失落的年华。而后，我知道为每件事赋予一个确切而肯定的意义，心里才不致那么脆弱激动得可怜了。

　　把玩着一捧"钱树"的落花，我突然想起我们乡下最流行用绿豆壳装的枕头，我睡过来的，那松松脆脆，酥酥软软的感觉，着实受用。那年，我离开家乡到台北求学，母亲怕城里人笑我"土"，帮我缝制一个标致的木棉枕头，好则好矣，却害得我

一枕上便想家,想那装着绿豆壳的"土"枕头,连忙写信回去要一个。那次到知本旅行,第一次知道菊花可以泡茶,觉得甚是高雅,买了不少。现在,我想用"钱树"的落瓣缝制枕头,芳香虽然已尽,让它干涩的余味飘满小室,躺着看诗,读散文,够了,再慢慢品尝案几上的半杯菊花茶,神交今士古人,想来也够"风味"的一件事吧!

"每天你把落花扫在一块儿,送给我,好吗?"我跟那孩子说。

他两只明亮的眼睛睁大了:

"你要干吗?"

"晒干它们。"

"晒干它们干吗?"他将来可以学经济,他说:"又不是萝卜干?吃得。"

"我要装枕头,懂吧?"

他的头又挨了过来:"这也能装枕头呀?"

"嗯,"我解释说,"世界上最好的。"

他的眼睛一直闪动着,我知道,他已经答应我的请求。拣几片落瓣夹在书面里,我一再叮咛自己:明天早晨漫步的时候,千万别忘了带只小小的篮子。

本文是一篇富于诗情和理趣的叙事散文。作者凭着自己的艺术感受和对人生的观察思考,不仅用明丽的语言抒发了对落花的赞美之情,而且以其真善美的心对落花倾注了深沉的爱。

1.面对落花,你怎样看待生命的成长与凋萎?

2.望着钱树"一树的繁华","让人有几分畸形的感觉",与作者对落花的赞美之情有没有矛盾?

秃 的 梧 桐

◆苏雪林

> 秃的梧桐，自然更是一无所有，只有亭亭如青
> 玉的干，兀立在惨淡的斜阳中。

"这株梧桐，怕再也难得活了！"人们走过秃的梧桐下，总这样惋惜地说。

这株梧桐所生的地点，真有点奇怪。我们所住的屋子，本来分做两下给两家住的，这株梧桐恰恰长在屋前的正中，不偏不倚，可以说是两家的分界牌。

屋前的石阶，虽仅有其一，由屋前到园外去的路却有两条———一家走一条，梧桐生在两路的中间，清阴分盖了两家的草场；夜里下雨，潇潇渐渐打在桐叶上的雨声、诗意，也由两家分享。

不幸园里蚂蚁过多，梧桐的枝干，为蚂蚁所蚀，渐渐地不坚牢了。一夜雷雨，便将它的上半截劈折，只剩下一根二丈多高的树身，立在那里，亭亭有如青玉。

春天到来，树身上居然透出许多绿叶，团团附着树端，看去好像是一棵棕榈树。

谁说这株梧桐不会再活呢？它现在长了新叶，或者更会长出新枝，不久便可以恢复从前的美阴了。

一阵风过，叶儿又被劈下来。拾起一看，叶蒂已啮断了三分之二，又是蚂蚁干的好事，哦，可恶。

但勇敢的梧桐，并不因此挫了它求生的志气。

蚂蚁又来了，风又起了，好不容易长得巴掌大的叶儿又飘去了。但它不管，仍然萌新的芽，吐新的叶。

秋来，老柏和香橙还沉郁地绕着，别的树却都憔悴了。年近古稀的老榆，护定它青青的叶，似老年人想保存半生辛苦储蓄的家私，但哪禁得西风如败子，日夕在耳畔絮聒？——现在它的叶儿已去得差不多，园中减了葱茏的绿意，却也添了蔚蓝的天光。爬在榆干上的薜荔，也大为喜悦，上面没有遮蔽，可以醋饮风霜了；它脸儿醉得枫叶般红，陶然自足，不管垂老破家的榆树在它头上歔欷地悲叹。

大理菊东倒西倾，还在荒草里挣扎着，开出红艳的花，牵牛的蔓，早枯萎了，但还开花呢，可是比从前纤小。在冷露中，满缀着浅紫嫩红的小花，更觉娇美可怜。还有从前和游香连理花和凤仙花的地里，时时有玉钱蝴蝶，翩翩飞来，停在花上，好半天不动，幽情眷恋；它要死了，它愿意死在花儿的冷香里。

这时候，园里另外一株梧桐树，叶儿已飞去大半。秃的梧桐，自然更是一无所

有，只有亭亭如青玉的干，兀立在惨淡的斜阳中。"这株梧桐，怕再也不得活了。"

人们走过秃的梧桐下，总是这样惋惜它，但是，我知道明年还有春天要来。明年春天仍有蚂蚁和风呢！但是，我知道有落在土里的梧桐子。

本文运用托物言志的写法，一反梧桐的伤感情调、悲剧气氛而赋予梧桐顽强的意志力和强大的生命力，充分表现了作者对生命的热爱和希望之情。

1. 作者从正面和侧面歌颂了梧桐树的品格，是怎样歌颂的？
2. 文中作者对那些娇嫩的植物和蝴蝶的描写用意是什么？
3. 文章的结尾在全文中有什么作用？

昙花开的晚上

◆艾 雯

玉翅般的昙花瓣现已完全展开，我凝视中，恍惚心灵与外境之间，渐渐起了阵朦胧的轻雾，身外的世界逐渐离我淡去远去，花我共处，浑不知是我投身花中，抑是花融渗入我心内。

今夜，微风、细雨，凉透纱窗，略有些儿秋意。今夜，天上没有星光，园中不闻虫鸣，是个沉静而岑寂的夜。但寂寞中我有慰藉，因盼待中的第一株昙花终将在今宵绽放。

造化施惠万物，连最微小的生命也不忽略。当恬恬第一个发现昙花有蓓蕾时，只有米粒那般大小，嵌在宽厚的叶子边缘一处齿形的缺齿里，那片叶子，还是上次被猫狗追逐时踏断了仅存的一片，一直冷落在花坛的一角，孤零零随风摇曳，不想居然也孕育了花苞。那纤细的绿色米粒，不两天就变成了花生米，由一根弯弯的嫩茎托着；再一天成了橄榄，成了……噢，我想不出什么恰当的譬喻，它几乎无时无刻不在长大换形。当我昨天把它端进屋子来时，有颗小芒果那么大了，悬宕在弯而长的茎上，无风自荡，摇摇欲坠，仿佛不胜负载。今天黄昏，眼看那一根根设在外面的花萼先已舒展，蓓蕾昂然翘扬，巍颤颤欲放还敛，我小心地安置它在桌子中央，只等待生命展露它神秘与美妙的那一刻来到。

8点钟——白天的烦嚣都已成为过去，一切静下来了。他们都在内室休息，独我和恬恬分坐花畔。她推开了她的功课，我打开的书卷，在这宁静的夜，恬淡的气氛中，对着高雅的名花，我没有看长篇累牍的论文，那太笨重了；也没有看谈情说爱的小说，那嫌庸俗了；这是一册富启发性、且蕴含人生哲理的小书。书中散溢出智慧的光辉，照耀着读者的心灵。我喜欢默诵其中一段：

> 人类灵魂的最高的幸福，是他的宁静。
> 在宁静中，你的思想情绪，在他的自身安住。
> 在宁静中，你的性灵生活，在默默的生息。
> 在宁静中，你的精神，在潜移默运，继续地充实他自己。
> 在宁静中，你的人格的各部交互渗融，凝而为一，表现在自己心灵
> 的镜中，而你的心灵的镜光，能自相映射。
> ……

"妈妈，昙花开了你都不看！"恬恬一声惊喜的叫唤，唤回我神游的心。忙抬眼，只见原先抿合得紧紧的尖端，已微微启开露出一圈洁白的花瓣，圈成纽扣那么大一个圆圈，宛如娇憨的婴儿，翘起她嫩兮兮，香馥馥的小嘴，那样柔润，又那么逗人爱，给人有亲一亲她的欲望……

"我可不可以吻吻她？"恬恬谛视着昙花，眼睛闪闪发亮。

"不可以。"我说，"人的俗气会玷熏了它。"但是，我们还是忍不住一个一个俯下头去，把鼻尖贴近花瓣，深深地吸收它吐出来的幽香。

9点钟——轻轻地、怯怯地，几乎是肉眼看不见的，花蕾一直在不停地展开，仿佛一位睡眼惺忪的少女，那一排秀长郁密的睫毛不住闪动，突然，一阵颤抖，莹光闪闪，一朵洁白纤细的花心，盈盈探首花外，象牙刻的没有那样精致光润，白玉雕的不及那样玲珑透剔，这小小的花心宛如花儿的触角，先向这世界试探，似乎满意了这清静安谧的气氛，这不冷不热的温度，于是，围在花心四周的花瓣，又娇怯地展开些，像那嫣然的笑靥。

"黄昏了，是繁花合拢花瓣的时候了。"而在这深静的夜，昙花却正在吐蕊盛放。开在黑夜中的花，是要与月亮一比皎洁么！

10点1刻——时间之流默默地滚去，受它灌溉的生命悄悄酝酿着美和芬芳，那一片片相叠相扣，密切偎依的花瓣，犹如蝴蝶展翅，看似怯生生娇柔无力，轻悄

悄半启犹合,盈盈绽放时,真个是冰肌雪肤,粉妆玉琢,光华四射,一时连灯光也黯淡失色。玉瓣展处,中央赫然涌出一簇黄灿灿的花蕊,每一茎像一个金色的音符,整齐地排成一行一列,奏着欣悦的生之乐章。

恬恬坚持要守着花开完,但小小身心终抵敌不住一天的疲困,明澈的眸子如蚌壳般慢慢掩合,短发因头部低俯,被拂到微酡的颊旁。我轻轻地撼着她的肩敦促她说:"昙花现在刚盛开,你已看到最美的一刻,不必再等它萎谢。"

起居室内只剩下我一个人,一灯如水,独对孤芳。窗外,细雨洒落芭蕉,风卷起榕叶,似乎秋意更深。

11 点半——夜阑人静,自觉心灵莹洁无垢,思想澄清如洗。室内心中,弥漫闪耀的惟有幽香花影。玉翅般的昙花瓣现已完全展开,我凝视中,恍惚心灵与外境之间,渐渐起了阵朦胧的轻雾,身外的世界逐渐离我淡去远去,花我共处,浑不知是我投身花中,抑是花融渗入我心内——光影蓦然一闪,雾渐散去,灯光掩映下,花儿却更焕发,更璀璨了。

我若有所悟,依稀记起一句不知从何处掇拾来的断句:

——一片花影,将引起你眼泪不能表达深思。

12 点——昙花仍然盛开着,夜更深静,也更凉心,倦意爬上我的眼帘,挥拂不去,只得掩卷起立,闭上窗子,熄了灯,默默地向花儿道了"晚安",悄然退出室外,走到门口,不由得又留恋地顾盼了最后一眼,只见幽暗中依然闪耀着一团白皑皑的花影。噢,是了,它不会因为无人欣赏而减损它的美丽芬芳。

当我不识昙花以前,只知昙花总是用来形容生命的短促和事务的容易幻灭。如今我认识了它——从吐蕾、含苞以至盛开,却并不感到它生命的匆遽。所有生命不问存在的时间的短长,而在它有无显示;没有显示的生命再长也不过是一片空白,而昙花在它短短的开放时间,已显示了纯净的美,和生命无比的璀璨。这美和璀璨,留给人的印象,岂不是永久的么!

今夜,梦中拥有花影幽馥,伴我到天明。

作者以繁丰的笔墨,铺写昙花绽开的景象,使人恍若置身其间,静观其神奇。文章可感性强,给读者留下鲜明的印象。

1.作者在写昙花绽开的全过程时用了比喻的修辞手法,举几个例子,说明它们的作用。

2.在观赏昙花绽开的瞬间,作品有三处抒情,是哪三处?这对表现文章的主题有什么作用?

一朵午荷

◆（台湾）洛 夫

> 这时，一阵风吹来，全部的荷叶都朝一个方向
> 翻了过去，犹如一群女子骤然同时撩起了裙子。

一

这是去夏9月间的旧事，我们为了荷花与爱情的关系，曾发生过一次温和的争辩。

"真正懂得欣赏荷的人，才真正懂得爱。"
"此话怎讲？"
"据说伟大的爱应该连对方的缺点也爱，完整的爱包括失恋在内。"
"话是这么说，可是这与欣赏荷有啥关系？"
"爱荷的人不但爱它花的娇美，叶的清香，枝的挺秀，也爱它夏天的喧哗，爱它秋季的寥落，甚至觉得连喂养它的那池污泥也污得有些道理。"
"花凋了呢？"
"爱它的翠叶田田。"
"叶残了呢？"
"听打在上面的雨声呀！"
"这种结论岂不太过罗曼蒂克。"
"你认为……？"
"欣赏别人的孤寂是一罪恶。"

其实我和你都不是好辩的人，因此我们的结论大多空洞而可笑，但这次却为你这句淡然的轻贵所慑服，临别时，我除赧然一笑外，还能说些什么呢？

记得那是一个落着小雨的下午，午睡醒来，突然想到去历史博物馆参观一位朋友的画展。为了喜欢那份凉意，手里的伞一直未曾撑开，冷雨溜进颈子里，竟会引起一阵小小的惊喜。沿着南海路懒懒散散地走过去，噘起嘴唇想吹一曲口哨，第一个音符尚未成为完整的调子，一辆红色计程车侧身驰过，溅了我一裤脚的泥水。抵达国家画廊时，正在口袋里乱掏，你突然在我面前出现，并递过来一块雪白的手

帕。老是喜欢做一些平淡而又惊人的事,我心想。但当时好像彼此都没有说什么,便沿着画廊墙壁一路看了过去。有一幅画设想与色彩都很特殊,经营得颇为大胆,整个气氛有梵谷的粗暴,一大片红色,触目惊心,有抗议与呼救的双重暗示。我们围观了约有五分钟之久,两人似乎都想表示点意见,但在这种场合,我们通常是沉默的,因为只要任何一方开口,争端必起,容忍不但成了我们之间的美德,也是互相默认的一种胜利者的表示。

这时,室外的雨势越来越大,群马奔腾,众鼓齐擂,整个世界笼罩在一阵阵激越的杀伐声中,但极度的喧嚣中又有着出奇的静。画廊的观众不多,大都面色呆滞,无奈地搓着手在室内兜圈子。雨,终于小了,我们相偕跨进了面对植物园的阳台。

"快过来看!"你靠着玻璃窗失神地叫着。我挨过去向窗外一瞧,正如旧约《创世纪》第一章中所说:"神的灵运行在水面上,神说有光,便有了光。"我顿时为窗下一幅自然的奇景所感动,怔住。

窗下是一大片池荷,荷花多已凋谢,或者说多已雕塑成一个个结实的莲蓬。满地的青叶在雨中翻飞着,大者如鼓,小者如掌,雨粒劈头劈脸洒将下来,鼓声与掌声响成一片,节奏急迫而多变化,声势相当慑人。这种景象,徐志摩看了一定大呼过瘾,朱自清可能会吓得脸色发白。在荷塘边,在柔柔的月光下,怎么样也无法联想起这种骚动。这时,一阵风吹来,全部的荷叶都朝一个方向翻了过去,犹如一群女子骤然同时撩起了裙子。我在想,朱自清看到会不会因而激起一阵腼腆的窃喜。

我们印象中的荷一向是青叶如盖,俗气一点儿说是亭亭玉立,之所以亭亭,是因为它有那一把瘦长的腰身,风中款摆,韵致绝佳。但在雨中,荷是一群仰着脸的动物,专注而矜持,显得格外英姿勃发,矫健中另有一种娇媚。雨落在它们的脸上,开始水珠沿着中心滴溜溜地转,渐渐凝聚成一个水晶球,越向叶子的边沿扩展,水晶球也越旋越大,瘦弱的枝干似乎已支持不住水球的重负,由旋转而左摇右晃,惊险万分。我们的眼睛越睁越大,心跳加速,紧紧抓住窗棂的手掌沁出了汗水。猝然,要发生的终于发生了,荷身一侧,哗啦一声,整个叶面上的水球倾泻而下,紧接着荷枝弹身而起,又恢复了原有的挺拔和矜持,我们也随之嘘了一口气。我点燃一支烟,深深吸了一口,然后缓缓吐出,一片浓烟刚好将脸上尚未褪尽的红晕掩住。

也许由于过度紧张,也许由于天气阴郁,这天下午我除了在思索你那句"欣赏别人的孤寂是一种罪恶"的话外,一直到画廊关门,挥手告别,我们再也没有说什么。

二

但我真正懂得荷,是在今年另一个秋末的下午。

10月的气温仍如江南的初夏,午后无风,更显得有点儿燠热。偶然想起该到植物园去走走，这次我是诚心去看荷的，心里有了准备，仍不免有些紧张，十来分钟的路程居然走出一掌的汗。跨进园门，首先找到那棵编号廿五的水杉，然后在旁边的石凳上坐憩一下，调整好呼吸后，再轻步向荷池走去。

噫！那些荷花呢？怎么又碰上花残季节，在等我的只剩下满地涌动的青叶，好大一拳的空虚向我袭来。花是没了，取代的只是几株枯干的莲蓬，黑黑瘦瘦，一副营养不良的身架，跟丰腴的荷叶对照之下，显得越发孤绝。这时突然想起我那首《众荷喧哗》中的诗句：

> 众荷喧哗
> 而你是挨我最近
> 最静，最最温柔的一朵
> ……
> 我向池心
> 轻轻扔过去一粒石子
> 你的脸
> 便哗然红了起来

其实，当时我还真不明白它的脸为什么会顿然红了起来，也记不起扔那粒石子究竟暗示什么，当然更记不起我曾对它说了些什么，总不会说"你是君子，我很欣赏你那栉风沐雨，吃污泥而吐清香的高洁"之类的废话吧！人的心事往往是难以牢记的，勉强记住反而成了一种永久的负荷。现在它在何处，我不得而知，或下坠为烂泥，最最温柔的一朵。朋友，这不正足以说明我绝不是又喜欢欣赏他人孤寂的那类人吗？

午后的园子很静，除了我别无游客。我找了一块石头坐了下来，呆呆地望着满地的青荷出神。众荷田田亭亭如故，但歌声已歇，盛况不再。两个月前，这里还是一片繁华与喧嚣，白昼与黄昏，池里与池外，到处拥挤不堪；现在静下来了，剩下我独自坐在这里，抽烟，扔石子，看地中自己的倒影碎了，又拼合起来，情势逆转，现在已轮到残荷来欣赏我的孤寂了。

想到这里，我竟有些赧然，甚至感到难堪起来。其实，孤寂也并不就是一种羞耻，当有人在欣赏我的孤寂时，我绝不会认为他有任何罪过。朋友，这点你不要跟我辩，兴衰无非都是生命过程中的一部分。今年花事已残，明年照样由根而茎而叶而花，仍然一大朵一大朵地呈现在我们面前，接受人的赞赏与攀折，它却毫无顾忌地一脚踩污泥，一掌擎蓝天，激红着脸大声唱着"我是一朵盛开的莲"，唱完后不到几天,它又安静地退回到叶残花凋的自然运转过程中去接受另一次安排,等到第二年再来接唱。

扑扑尘土,站起身来,心口感到很闷,有点想吐,寂寞真是一种病吗?绕着荷池走了一圈后,舒服多了,绕第二圈时,突然发现眼前红影一闪而没。放眼四顾,仍只见青荷田田,什么也没有看到。是迷惘?是殷切期盼中产生的幻觉?不甘心,我又回来绕了半匝,然后蹲下身子搜寻,在重重叠叠的荷叶掩盖中,终于找到了一朵将谢而未谢,却已冷寂无声的红莲,我惊喜得手足无措起来,这不正是去夏那挨我最近,最静,最最温柔的一朵吗!

作者通过荷花这一感性的艺术形象来表达对人生哲理的思考。文章中既有对池荷的自然景致的细腻描写,又有对生命、爱情这些问题哲理的思索,从而使这篇散文既有艺术境界的高度又有知性的深度。

1.文中写了哪两种荷?

2.针对文中所铸造的荷的意象友人提出了"欣赏别人的孤寂是一种罪恶"这一哲理性命题,这个命题成立吗?作者又提出的新的命题是什么?

失根的兰花

◆(台湾)陈之藩

花搬到美国来,我们看着不顺眼;人搬到美国来,也是同样不安心。这时候才忆起,故乡土地之芬芳、与故乡花草的艳丽。

顾先生一家约我去费城郊区一个小的大学里看花。汽车走了一个钟头的样子,到了校园。校园美得像首诗,也像幅画。依山起伏,古树成荫,绿藤爬满了一幢一幢的小楼,绿草爬满了一片一片的坡地,除了鸟语,没有声音。像一个梦,一个安静的梦。

花圃有两片,里面的花,种子是从中国来的。一片是白色的牡丹,一片是白色的雪球。如在海的树丛里，闪烁着如星光的丁香，这些花全是从中国来的吧！

由于这些花，我自然而然地想起北平公园里的花花朵朵，与这些简直没有两样。然而，我怎样也不能把童年时的情感再回忆起来。我不知为什么，总觉得这些花不该出现在这里。它们的背景应该是来雨轩，应该是谐趣国，应该是故宫的石阶，或亭阁的栅栏。因为背景变了，花的颜色也褪了，人的情感也落了。泪，不知为什么流下来。

十几岁，就在外面漂流，泪从来也未这样不知不觉地流过。在异乡见过与童年完全相异的东西，也见过完全相同的花草。同也好，不同也好，我从未因异乡事物而想过家。到渭水滨，那水，是我从来没见过的，我只感到新奇，并不感觉陌生；到咸阳城，那城，是我从来没有看过的，我只感觉到它古老，并不感觉伤感。我曾在秦岭中捡过与香山上同样红的枫叶，在蜀中我也曾看到与太庙中同样老的古松，我也并未因而想起过家；虽然那些时候，我曾穷苦得像个乞丐，而胸中却总是有嚼菜根用以自励的精神。我曾骄傲地说过："我，到处可以为家。"

然而，自至美国，情感突然变了。在夜里的梦中，常常是家里的小屋在风雨中坍塌了，或是母亲的头发一根一根地白了。在白天的生活中，常常是不爱看与故乡不同的东西，而又不敢看与故乡相同的东西。我这时才恍然悟到，我所谓的到处可以为家，是因为蚕未离开那片桑叶。等到离开国土一步，即到处均不可以为家了。

花搬到美国来，我们看着不顺眼；人搬到美国来，也是同样不安心。这时候才忆起，故乡土地之芬芳、与故乡花草的艳丽。我曾记得，八岁时肩起小镰刀跟着叔父下地去割金黄的麦穗，而今这童年的彩色版画，成了我一生中不朽的绘画。

在沁凉如水的夏夜中，有牛郎织女的故事，才显得星光晶亮；在群山万壑中，有竹篱茅舍，才显得诗意盎然；在晨曦的原野中，有拙重的老牛，才显得纯朴可爱。祖国的山河，不仅是花木，还有可歌可泣的故事，可吟可咏的诗歌，儿童的喧哗笑语与祖宗的静肃墓庐，把它点缀美丽了。

古人说"人生如萍"——在水上漂流。那是因为古人未出国门，没有感觉离国之苦。萍还有水流可藉。以我看：人生如絮，飘零在此万紫千红的春天。

宋末画家郑思肖画兰，连根带叶均飘于空中。人问其故，他说："国土伦亡，根着何处？"国，就是根，没有国的人，是没有根的草，不待风雨折磨，即行枯萎了。

我十几岁时虽无家可归，并未觉其苦。十几年后，祖国已破，却深觉出个中滋味了。不是有人说"头可断，血可流，身不可辱"吗？我觉得，应该是："身可辱，家可破，国不可亡。"

心灵体验

本文以"根"喻故土,以"兰花"喻人,以"失根的兰花"喻飘零异邦的人及其悲凉的处境。文章洋溢着炎黄子孙思念家园的赤子之情。文章情调真实,风格淡雅。

放飞思维

1."花搬到美国来,我们看着不顺眼;人搬到美国来,也同样不安心。"这句话在篇章结构上有什么作用?

2.作者在国内漂泊,在美国漂泊,同样是漂泊,感受却截然不同,为什么?

采 莲 曲

◆朱 湘

藕心呀丝长,/羞涩呀水底深藏。

小船呀轻飘,
杨柳呀风里颠摇;
荷叶呀绿盖,
荷花呀人样娇娆。
日落,
微波,
金丝闪动过小河。
左行,
右撑,
莲舟上扬起歌声。

菡萏呀半开,
蜂蝶呀不许轻来,
绿水呀相伴,
清净呀不染尘埃。
溪涧,

采莲，
水珠滑走过荷钱。
拍紧，
拍轻，
桨声应答着歌声。

藕心呀丝长，
羞涩呀水底深藏；
不见呀蚕茧
丝多呀蛹裹中央？
溪头，
采藕，
女郎要采又夷犹。
波沉，
波升，
波上抑扬着歌声。

莲蓬呀子多，
两岸呀榴树婆娑；
喜鹊呀喧噪，
榴花呀落上新罗。
溪中，
采莲，
耳鬓边晕着微红。
风定，
风生，
风飔荡漾着歌声。

升了呀月钩，
明了呀织女牵牛；
薄雾呀拂水，
凉风呀飘去莲舟。
花芳，

衣香，
消溶入一片苍茫。
时静，
时闻，
虚空里袅着歌音。

　　《采莲曲》描写了江南少女荡舟采莲的动人情景，它把采莲的活动与采莲女的形象融为一体。全诗五节，每节都用四个七字句、四个两字句、两个五字句组成，句式、节奏整齐中错综变化，使人仿佛置身于摇荡的小舟，轻飘、颠摇，与划桨的韵律相一致。

　　1.这首诗歌运用了哪些表现手法？
　　2.请你用散文的体裁写出这首《采莲曲》。

闲　　情

◆涂钟珮

　　　　枯叶落满了前院后院，我还是耐心地浇水修
　　　枝，痴痴地希望它们能回阳。

　　我的新居，以前未有人住过，前后侧院，蔓草没胫。迁居次日，立刻先请人把蔓草锄完。

　　第三天就有人来敲门，问我是否要种花植树。惭愧我虽读过植物，却只欣赏肉食植物一类冷门，向人夸说我的渊博，事实上连松柏也分不清。我假装内行地对这株点点头，那株摇摇头，挑了8株，4株种在前院，4株种在侧院。言明先收一半价格，待半月放青后，再收其他的半价，阶前我也种了些玫瑰、杜鹃和康乃馨。

　　我每日清早，抢着浇水除草，有时还携一把剪刀，把树木乱修，表示我的关怀。

　　半年后，树叶渐枯，而植树人不来，我天天在窗口探头等候，他却绝迹不至。邻居笑说他决不会再来，为的是他加了一倍价钱卖给我。

　　枯叶落满了前院后院，我还是耐心地浇水修枝，痴痴地希望它们能回阳。慢慢的，干枝由绿变灰，枯叶落尽，幼芽不生，一片萧条。隔院却是绿树临风摇曳，不像我满院枯枝。三月来心血耗尽，天天在希望失望里挣扎，却是一无所获。心灰意懒之余，忽然想起了姜夔的两句词来："树若有情时，不会得青青如此！"我断章取义地强自慰藉，——谁教我移植的是多情树木！

阶前的玫瑰和康乃馨，却是不明时序，纵情盛开，一番谢后，枝头又有新苞。大概它们立意不管外界春去秋来，也不管移植的是东邻西院。我的花树全秉有倔强个性，只是发展方向不同，一个是离开本土，决不放青，一个是只要我放青，管它是什么土地。

离开了川端桥，少了一个纳凉所在。晚饭过后，只能搬一个椅垫，闲坐阶前。记得童年纳凉时节，一家欢聚，父母兄姊，挥扇闲话家常。父亲常爱和我们猜谜，我斜倚在父亲身旁，父亲代我挥扇驱蚊。每一想到夏夜情景，我就浑身全是爱。

而今只有独自回忆这种滋味。身旁同时纳凉的他，虽和我走遍天涯，却并不和我共有这一段回忆。

回忆里的爱，令我泽及眼前枯树。这些树木和我相处三月，我总不忍下绝情，把他们连根拔去。

我从枯树的枝头，仰看到白云。对白云，我有出奇的爱好。第一次近看它是在去印途中，飞机穿越云层，越过喜马拉雅山头。如果机上人员许我，我可以探出窗来，伸手触到白云。

到达加尔各答后写通讯时，对机上所见白云，我曾着意描摹，为此我的一个朋友，提醒我是人间记者，不该多写天上情事，我却迟迟不肯割爱。我出国后的第一篇通讯是"白云世界"——我本不是一个好记者。

我还记得我写的那几段："有时白云铺满天空，俯视失去了大地，才恍然宇宙不止天地两层，中间还有浮云。有时大云弥天遍野而来，蕴塞得四野喘不过气。大云过处，又是青青的大地青天！有时云层疏处，漏洞中忽见大地，这一漏洞又似乎是盘古氏开辟天地的斧痕！"

"极目远眺，云外有云，晴空处，也偶尔有几朵失伴白云，无声地行来。我回顾机后，是无底的白云，仿佛我来自白云深处，而今也正在白云深处驶去。我的目的地，似乎不是加尔各答，而是那深浅白云相间依稀绰约的琼楼玉宇。"

我那一天航程，看尽白云。但至今一有空闲，我还喜欢痴看浮云。我常想，如果我才高八斗，我可以没有"恨不早生数百年，乘古人未我先说"的遗憾。因为对白云，古人没有我看得真切，他们未能一乘飞机，而我却已如胡适先生所言："看我不以修炼，也凌云无碍。"尝过神仙的御风滋味。

正冥想间，却听见了人间的声音："我们搬家后，可谓毫无建树。"

我跌回人间,一张眼,四枝多情树木,对我秃头而立。我依然不忘记为它们辩护:"怪不得树,只好怪你也怪我。"

才一出口,我知道该怪我的地方多些。我闲时空想着天上,忘记了人间。在人间时,我又空系着怀旧情绪,不肯把枯树开刀。

他背我而立,正欣赏隔院的青青树木。我霍地立起来:"我们出去走走,仔细参观人家的花木。"

我们那里的房子,全像穿了制服,结构和外表,一式一样,分别就在各家内部的布置。围墙绝矮,尽可一窥每家的庭院。我和他并肩而行,一路指点。有的人家是一排美人蕉,在矮墙里探出头来,有的是几行翠竹,更有的别出心裁,窗前架一个竹棚,爬满了牵牛花。

考察归来,我见闻虽多,依然胸无成竹。不知该种牵牛花,该植芭蕉,还是该布置成一个潇湘馆。我举棋不定地站在枯树前,随手折一枝,应声而断,已是病入膏肓,回天无术。无论我决定种什么树木,它们总是在必去之列。

"大概它们只好当柴烧了。"我叹了一口气。

"怎么,又动情感了。"他笑着推门进去。

我独留在枯树前,他尽可笑我多余浪费的感情,却不知道在我折断枯枝时,我已和它们默默告别。我的恋旧也有一个限度。

明天我要去打听仲夏能否植树,只要有土有水有日光有我,我就不相信会毫无建树来。

这篇散文,注意题材的真实,思想和情感的真实。由平淡无奇的话题开篇,采用闲话家常的形式,使读者感受到了平常的亲近。

1.作品怎样表现"闲情"这一题旨的?

2.作者在闲暇之时,回忆到了哪些事情?这些事情与主题有什么关系?

梅 花 魂

◆陈慧瑛

> 在愁肠百结的太行岁月，在艰辛跋涉的人生
> 路上，我常常悄悄打开那一幅外祖父留给我的梅
> 花，她的冰雪清姿，她的凛凛正气，像火，给了我温
> 暖；像血，给了我活力。

故乡的梅花又开了。

一年一度，那朵朵冷艳、缕缕幽芳，总使我想起飘零他乡、葬身异国的外祖父。

算来，自南洋一别，离开外祖父也 20 来年了……

一

我出生在东南亚的星岛。回国以前，一直和外祖父住在星洲城直落亚逸街上。我妈是外祖父惟一的女儿，我是外祖父惟一的外孙女儿。外祖父对我的钟爱，那就别提了！据妈妈说，我 3 岁时，老人便开始为我积攒嫁妆，有人回唐山，便托人捎这捎那，从金玉首饰、文房四宝到苏州刺绣、上海绸缎、景德镇瓷器等等，真是无所不有。

外祖父年轻时读了不少经、史、诗、词，又能书善画，是星岛文坛颇负盛名的文人。我两周岁起，外祖父便常常抱着我，坐在梨花木大交椅上，一遍又一遍不厌其烦地教我读唐诗宋词。每每读到"独在异乡为异客，每逢佳节倍思亲"、"春草明年绿，王孙胡不归"、"慈母手中线，游子身上衣"、"自在飞花轻似梦，无边丝雨细如愁"之类的句子，常有一颗两颗冰凉的泪珠，落在我的腮边、手背。这种时候，我便会拍着手笑起来："外公哭了！外公哭了！"老人总是摇摇头，长长地吁一口气，说："莺儿，你小呢，不懂！"

那时，外祖父家中有不少古玩，我偶尔摆弄，老人也不甚留意，惟独书房里那一幅老干虬枝的墨梅，他却分外爱惜，家人碰也碰不得。我五岁那年，有一回到书房玩耍，不小心给捺上了个脏手印。外祖父顿时拉下脸来，我有生以来第一次听见他训斥我妈："孩子要管教好，这清白的梅花，是玷污得的吗？"训罢，便用保险刀片，轻轻刮去污迹，然后用细绸子慢慢抹净了。看见我慈祥的外公大发脾气，我心里又害怕又奇怪，一幅画梅，有甚稀罕呢？

那时,外祖父刚过七十大寿,却已经侨居海外经商 50 来年了。老人究竟有多少财产,妈妈和我都不甚了然。但外祖父有带花园的别墅,有私家小汽车,有船头行,"八九"行(贸易货栈),有信局,有一眼望不到头的橡胶园,这些,我是知道的。到了我记事时,外祖父已经是当地商界屈指可数的佼佼者了。

外祖父虽去国多年,可每逢夏历除夕,都要郑重其事地朝北祭祀祖宗。放祭品的中案桌上,也总有一大束腊梅,插在青花大瓷瓶里,据说那梅花是由国内经香港空运去的。这种时候,外祖父往往要跟我们说起唐山的亲朋故旧,山川人情。说着说着,常常会忽然呼声,背剪着手,蹀进房间,以至终日戚戚,不发一言。我也闹不明白,这样好的家境,老人愁什么呢? 妈妈对我提过,在唐山老家,外祖父田无一垄,地无一寸,一间破瓦房,几十年前早被族中强房夷为平地。要不,他怎会漂洋过海,远离家乡? 但是,外公为什么还思念唐山呢?

二

有一天,妈妈忽然告诉我:

"莺儿,我们返唐山去!"

"干吗要回去呢?"

"那儿才是我们的祖国呀!"

哦! 祖国,那就是地图上像一片枫叶,像一只金鸡的地方吗? 那就是拥有长江、黄河、万里长城,还有天堂一般的苏杭,还有住着我的亲奶奶的白鹭之乡的国土吗?

我欢呼起来! 小小的心,充满了欢乐。

可是,我马上想起了外祖父,我亲爱的外祖父:

"外公走吗?"

"外公年纪太大了!"

"外公让我们走吗?"

妈妈背过脸去,没做声……

我跑进外祖父的书房,看见老人躺在藤沙发上。我说:

"外公,你也回祖国去吧!"

想不到外公竟像小孩一样呜呜地哭起来了……

离别的前一天早上,外祖父早早地起了床,把我叫到书房去,郑重地递给我一卷白杭绸包起的东西。我打开一看,原来是墨梅:

"外公,这不是你最宝贝的画吗?"

"是啊,莺儿,你要好好保存。这梅花,是我们中国的国花。旁的花儿,大抵是春暖花才开。她却不一样,愈是寒冷,愈是风欺雪压,花儿便开得愈精神、愈秀气。她是最有品格、有灵魂、有骨气的呢!几千年来,我们中华民族出了许多有气节的人物,他们不管历尽多少磨难、受到怎样的欺凌,从来都是顶天立地,从来不肯低头折节。他们,就像这梅花一样。一个中国人,无论在怎样的境遇里,总要有梅花的禀性才好。"

停了一会儿,老人又说:

"唐山解放了,我却垂垂老矣!回国回乡的心愿,只能让你们去完成了!莺儿,将来长大了,第一要读好书,报效国家,第二要孝顺你妈。这是我们国人的忠孝之道,你要记住!"

我忙点头,怕老人又哭。

回国那一天,正是元旦,热带是无所谓隆冬的,但腊月天气,毕竟也凉飕飕的。外祖父把我们送到码头,妈妈抽泣着。我拉住外祖父的手,大声地哭着。外祖父俯下身来,给我披了件法兰绒外套,不知说了句什么,大概是想安慰我,无声的泪,却顺着两颊的皱纹,弯弯曲曲地流下来……赤道上的风,吹乱了老人平日梳理得整整齐齐的银发,我觉得外祖父一下子衰老了许多……

妈妈终于狠下心来,拉着我登上了"万福顺"大客轮。泪眼蒙眬的外祖父,又亲自赶上船来,递给我一把手绢,一包雪白的细亚麻布,绣着血色梅花……

当年的我,还过于稚嫩,并不懂得,我带走的,岂止是我慈爱的外祖父珍藏的一幅丹青、几朵血梅? 我带走的,是一颗异国华侨老人的赤子心哪!

三

七天七夜的航行,"万福顺"号穿过了深邃辽阔的太平洋。我和妈妈终于回到了日夜向往的祖国,回到了厦门——我可爱的故乡!

在祖国的怀抱里,我受完了高等教育。上学期间,外祖父一直从经济上支持我。十来年间,老人来信时常要提起:"莺儿,待你学有所成,一定前来接我归去!"

可是,天不从人愿。我上大学三年级时,一个冬日午后,一封加急电报,带来外祖父离开人间的噩耗——真没想到,昔日星岛码头一别,竟成永诀。重洋万里,冥路茫茫,妈妈和我,真是悲恸欲绝。

接到电报数日后,海外的舅舅寄来了《南洋商报》、《星州日报》等好几种报纸。这些报纸都登有讣告,还发表了南洋商界、学界悼念外祖父的文章。表彰外祖父这位"南洋商界巨子、文坛将星、知名爱国华侨"抗日战争时期为国热心捐款,新中国成立后,为发展家乡教育,宣扬民族教化,高风亮节有如寒梅修竹……这时候,外祖父生前的许多公益善举和爱国情操,我才陆续了解。

我回国后,家乡面貌日新月异。而且,祖国也已经把我培育成材,可是,老人却无福瞻仰他朝思暮想的故国风采,无缘再见他视为掌上明珠的外孙女儿……生离死别,叫人怎能不哀伤?老人逝后次年初春,我在老家的山坡上,种下了两株梅树:一株腊梅,一株红梅……我想,倘若老人泉下有知,魂兮归来,一定会高兴的。而我,也可借此聊寄哀思了!

四

我大学毕业之后,赶上十年动乱,从风光绮丽的南国海滨被分配到了遥远的太行山。离家前夕,妈妈把外祖父的那幅墨梅用塑料薄膜包好,装进我的行囊……

梅花,来自异国的坚贞的梅花,伴我走上了真正的人生。

到了太行山,我先在一所专区师范任教。那是中国大地惨遭浩劫的年代,知识分子成了臭老九。我执教不久,便与学校同人一起被下放到山区劳动改造去了。

在太行深山里,我孑然一身,举目无亲。和当地山民一样,我睡土窑,喝雪水,吃玉米疙瘩和糠窝窝。患了胃溃疡,时时疼得冒冷汗。浑身长虱子,常常整夜睡不着。在滴水成冰的日子里,跟着男社员上山开"大寨田",粗重的镢头敲在坚硬的冻土上,我细嫩的虎口震裂了。在大雪封门的深夜,饥饿的野狼、豹子拼命拱着我简陋的窑门……

那里,和星岛自然无法相提并论,就是和故乡厦门相比,我也仿佛到了另一世界。春花秋月,转眼五年过去了。生活的艰难还在其次,难道,17年寒窗勤学苦读得来的知识,除了埋入荒山,竟毫无用场!多少个朝霞如花的黎明,多少个夕阳似血的黄昏,我痛苦地思索着,前程在哪里?希望在哪里?

侨居海外的老父,担心爱女受苦,一封封滴着清泪的信笺,催我出国;星岛的舅妈,巴黎的表姐,澳大利亚的表哥,一个个轮番来信开导我:"既然国内读书无用,你又何必过于执著?还是到我们这儿来吧!"

可是,我总觉得,祖国像母亲。她,用智慧的乳汁把我哺育长大,在母亲危难之秋,我怎忍心掉头而去?

在愁肠百结的太行岁月,在艰辛跋涉的人生路上,我常常悄悄打开那一幅外祖父留给我的梅花,她的冰雪清姿,她的凛凛正气,像火,给了我温暖;像血,给了我活力。我也常常想起老人临别的赠言:

"一个中国人,无论在怎样的境遇里,都要有梅花的禀性才好!"

是啊,在生活的风霜里,我不也应该做一朵梅花吗?

在那些乌云压顶的日月里,每一回海外来鸿,我都哭了。但摩天大厦、香槟、高级"的士"毕竟吸引不了我。我离不开自己的祖国哪,我终于在祖国的土地上,站稳了自己的脚跟!

今天,早已严冰化春水的祖国的今天,我调回了海上花园——厦门,成了一名新闻记者。祖国和人民,给我重任,也给我奖励……

海内外亲友,都祝贺我。外祖父在天之灵,当也感到欣慰……

我仍珍存着外祖父心爱的墨梅——她浸透了几代海外赤子对祖国圣洁的爱情,她在祖国苦难的时光,给了我不寻常的热能和可贵的信念!

故乡的冬梅又盛开了,明如烛,灿如霞……

梅花,美丽的赤子之魂啊!

本文借外祖父对梅花的喜爱,将梅花象征的品质寓于外祖父性格之中,不仅赞颂了他坚贞的人格,更表现了他思念故土、热爱祖国的赤子之心。文章之所以如此成功、感人,其关键处在于作者选择梅花来抒发情感。在文中,梅是一个集多种含义于一身的意象。

1. 本文除了表现祖孙两代一脉相承的爱国精神外,你还能从中得到什么启示?

2. 你读过台湾诗人余光中的《乡愁》吗?它与本文有共同的情感,试着分别体会一下。

风又从废墟上吹过，依然发出"留——留——"的声音。我忽然醒悟了。它是在召唤！召唤人们留下来，改造这凝固的历史。废墟，不愿永久停泊。

不朽的风物

　　小院内不乏常青的树木,但好像都收敛着它们的青枝绿叶不使扩张,而将更大的空间让予秋来管领。这树木,也在秋的洗礼中,变得更秀拔,更精神了。秋风起兮白云飞,草木黄落兮雁南归。秋是有点儿凄清的, 然而我爱这有点儿凄清的美丽。"草木黄落",季节使然,新陈代谢,才得以生机勃发。

江南名镇掠影

◆ 潘浩泉

> 三大名镇皆古镇,有的有数千年历史,皆大,
> 大得像座小城。都是水镇,既因水而相对隔绝于
> 世,也因水的滋润而妩媚昌盛,同时又有几个走出
> 古镇令华夏瞩目的名人。

初冬时节,秋意未尽。我们马不停蹄地浏览了江南名镇——同里、周庄和甪直。作为一个在苏北小镇上长大的人,我对它们神往已久了。

三大名镇皆古镇,有的有数千年历史,皆大,大得像座小城。都是水镇,既因水而相对隔绝于世,也因水的滋润而妩媚昌盛,同时又有几个走出古镇令华夏瞩目的名人。真可谓人杰地灵。

周庄的名气最大,号称"中国第一水乡",它以"小桥、流水、人家"的保存完整蜚声于世,甚至受到联合国青睐。陈逸飞的一幅以周庄为素材创作的油画《故乡的回忆》,曾经充当国际政治舞台上的一件雅致的道具。周庄还有永远令人好奇的巨富沈万三的神话。可惜周庄的游客太多,令人如入闹市,缺少观赏的从容与优雅。如果为了确保游览必需的氛围,能否控制每天游客的数量?这个建议也许不是太傻,就是过分奢侈了。

同里幽静多了。有的街道清寂异常,不但人少,店也不多,店主的神态恬淡得跟古镇十分和谐,时间好像定格于千百年前,这时,思古之幽情才会悄然升腾,才有可能跟古镇真正神会。同里的点睛之处显然是退思园了。它的魅力不仅来自园林建筑艺术的别致,更来自浓厚的传统文化意蕴。无论是一水一石一楼一阁,还是地上铺砖图案的构思及园内树木花草的设计,无不精妙,又无不寄寓主人郁结的情思。可以说,退思园就是它的主人任兰生。任兰生是位武将,相当于现在的大军区司令,因为出了廉政方面的问题,革职回乡,他便借用《左传》中的进而建功、退而思过的意思,造了退思园。其实,这多半是做给朝廷看的姿态。他与其说是退而思过,不如说是韬光养晦,以屈求伸。不过,他"退思"的姿态还是奏效的,后来皇上一声唤,他便又"进而建功"去了,但几个月后就以身殉职,留下一个艺术化了的任兰生——退思园,让后人观赏凭吊。

甪直也是钟灵毓秀。无论是唐代的保圣寺,还是一幢幢并不比周庄逊色的古宅民居,都令人流连。作为一个爱好文学的人,我最为心仪的是叶圣陶墓。没想到

这位中国现代文学巨擘长眠于此。甪直虽不是他的衣胞之地，却是他追求教育兴国的起点和文学创作的发动之处。《多收了三五斗》就是这里的故事，长篇小说《倪焕之》在此呱呱坠地。我是20世纪60年代初读到《倪焕之》的，30多年后站在孕育倪焕之的地方，心绪难平，又想到80年代末，《雨花》在扬州举办笔会期间，叶圣陶之子叶至诚谈及大时代与知识分子命运的情景，感慨就更多了。墓地一侧是棵高大的银杏树，圣陶老人当年初到甪直，第一眼就看到了它，从此刻骨铭心，直到弥留之际还深切地把它呼唤。此时，秋风早把它染得遍体金黄，温煦的阳光下，犹如一道闪耀百年的圣洁的烛光。

三大名镇的芬华不仅美不胜收，也是发人深思的。

三大名镇都属苏州版图。比起苏州的位处要津，三镇都在僻壤，然而偏僻同样可以孕育绚丽的文化，因为文化的真谛在于创造在于积累，同时还在于尊重和保护。如果说苏州是座大山，三镇则为幽谷，无论外面的世界如何精彩，三座古镇的文明会像幽谷之兰，芬芳不绝的。

三大名镇的形成与发展显然有个漫长的过程，其构思大概源于各自人文、经济和地理的自然融合，不会瞄准旅游名胜的蓝图，更不会有日进斗金的奢望，然而斗移星转千百年，却成了现代城市的后花园。每天都有冲出钢筋水泥包围的城市人，潮水一般地涌去，休闲度假，感受一方历史文化的余韵，打发永恒的乡愁。

文化的创造是寂寞的。文化的作用不能立竿见影，更不能以经济效益来衡量它的价值，尽管戏剧大师曹禺说过一句名言：文化是明天的经济。当然，似乎还可以说，经济是明天的文化，甚至更可以说，文化就是文化。

我想，文化是三大名镇的灵魂。

本文写的是古镇的今天，流露的是思古之幽情。三大名镇各有特点，周庄的名气，同里的幽情，甪直的感慨与圣洁，流于笔端，沁人心田。本文则抓住了三镇的灵魂，让读者心驰神往。

1. 作者在写三镇时侧重从各自的哪方面展开描述？
2. 本文抓住了三镇的精髓，它们的精髓各自在哪里？

巍 巍 雄 关

◆ 梵杨

> 万里长城，跨越马鬃山峰，穿云破雾而来，在关前稍事盘桓，然后连绵西去；那雄姿，那威势，真叫来犯者窥之胆寒，望而心怯。野地荒原，关楼如此雄伟、威严，确是令人惊异！

步上嘉峪关麓，猛抬头，我就被眼前那座城楼惊住了，禁不住连声赞叹："啊，雄关，雄关！"看，高阁凌空，飞檐触天；断流云，截天风；横卧在茫茫戈壁沙漠上，高耸于巍巍祁连雪山边；北枕岗峦，南临泉流。兰新铁路平躺脚下，嘉峪关市崛起身旁；万里长城，跨越马鬃山峰，穿云破雾而来，在关前稍事盘桓，然后连绵西去；那雄姿，那威势，真叫来犯者窥之胆寒，望而心怯。野地荒原，关楼如此雄伟、威严，确是令人惊异！

据说，城楼上曾有一块匾额，刻有"天下第一雄关"六个大字。中华大地，关楼无数，仅只长城，已是关隘如星。东端起点那座山海关，西压燕山奇峰，东镇渤海狂涛，可谓雄踞四方，威壮边野，也只称做"天下第一关"，没有个"雄"字。以雄伟来说，就数这嘉峪关第一？我很怀疑，便向当地一位朋友请教。他说，大概同它兴建较早有关。嘉峪关始建于明代初期，也就是公元1372年，十年过后，山海关才兴建；就长城本身，以时间而论，称嘉峪关为"天下第一雄关"，似也合适。

关楼固然值得赞叹，关楼景物及其传说，使我更感兴趣。比如柔远门北墙有处地方，光滑发亮，撒上一把沙子或碎石，便会啁啾作响，声清音脆，因此被名为"燕鸣墙"。据说这一带燕子甚多，总是结伴群飞，其中有雌雄一双燕子，异常恩爱，每日早上一同出关觅食，傍晚比翼回窠。一天，由于云遮雾隔，雄燕先归，雌燕回时，城门已经关闭。风寒露重，雌燕有家归不得，在外面盘旋悲鸣，饮润哀号。雄燕同一窝小燕，闻声心碎，呼天抢地，可城门依然紧锁。待到天亮门开，雌燕已冻死墙边。雄燕见状，伏尸痛哭，悲不自胜，最后领着全窝小燕，撞墙而死。一家大小，死后不愿离散，眷恋在城墙中间，至今谁一触动，墙壁便发出群燕啁啾之声，久不停息。

墙砖光滑，是沙石撞击所致。为使城墙免受损坏，近年不许再以沙石击墙，用两块石子在近旁互相触碰，同样能听到群燕啁啾，故事因而也由《击墙燕鸣》改名为《击石燕鸣》。

传说是讲燕子，实际是讲人，是托物言志，借景抒情。因为嘉峪关外好大一片土地,建关前一千多年,已属中国领土。张骞在公元前139年出使西域,就途经这河西走廊,而在这以前,国人便往来其间。西汉时更没有武威、张掖、酒泉和敦煌四郡,并把长城修到玉门关,长城防线则延伸到罗布泊。这罗布泊在新疆,原名叫做盐泽,远在嘉峪关西边。《资治通鉴》也记载,到了唐代,西出长安万二里,尽是唐境,那里富庶繁荣,"闾阎相望,桑麻翳野"。总之,汉、唐以来,嘉峪关外就是中国领土,人们在这沃土上生息蕃衍。明代为防寇乱,离边境那么远来修筑城墙关隘,倒是把自己人阻拦住了。对此,人们有意见,这《击墙燕鸣》,正反映了这种不满情绪。当然,关楼城郭,一般都建在国土之内。城墙不是界碑,树立在两国边界中间,关门不等于国门。前些年,曾有个外人胡说什么长城以内才是中国领土。说这种话,既是无知,更是野心所驱使。史实俱在,鬼话由他说去。华夏大地,谁也休想侵占!

从燕鸣墙附近,顺着斜坡马道,我登上城墙,步行到西瓮城旁。放眼一望,城门楼后檐台上,孤零零放着一块青砖。里头也有个故事。

据说有位建筑师,技艺高超,用料也非常讲究而且精确。他听得要修建嘉峪关,主动前来效力,谁知监督修关那个官员,正想任用亲信,以便营私舞弊,现在来了这位不速之客,又不便当着上司推拒,只好强压怒火,答应让他施工;但声言荒漠野地,运送材料困难,要他认真考虑,建造这座城关,需要多少块砖。多一块不行,少一块不得。没办法,建筑师只得精打细算,算出要用九万九千九百九十九块。官员听话后,狡猾地笑笑说:"好!不过我得把话说在明处,要是多出一块,我砍你脑袋,罚众人三年劳役,还要没收全部工钱;缺少一块,你得用身体来抵补,整个当做砖块砌进城墙里,工钱没收,劳役照罚。"经过几度寒暑,关楼终于建成了,却多出了一块砖。官员明天就来查验,这块砖如何发落?人们焦急万分,共同商量对策。有人主张埋藏在地底下,有人建议扔到荒野去。这都不是办法,万一查出,更不可收拾。众人忧心如焚,建筑师苦思冥想。想到深更半夜,狂风骤起,弄得飞沙走石,天昏地暗。直到天亮日出,风停沙静,眼前一派清明,景新物在,惟独那块青砖没了踪影。人们到处寻找,却见它安安稳稳停放在门楼后檐台上。还了得!不是更容易让人家看到么?慌忙爬上去搬弄,设法掩藏。只是怎么用力,也搬不动。焦急中,传来一阵响声,叮琤叮琤。循声看去,是晨风吹动檐下那个铁马。建筑师立时眉开眼亮,高兴地说:"天助我也!神仙解救我们啦,把砖安放在这里。叮琤叮琤,不就是'定城定城'吗?这是块定城砖啊!"话刚落音,官员来了,一眼看见那块砖头,心中暗喜,以为工钱即可进入私囊,却又装出一脸怒容,说多出一块砖,还要收藏隐瞒,罪上加罪,得要罚劳役,砍脑袋,没收钱财。建筑师坦然一笑说:"这块砖并非多余,设计时就算计在内,是块定城砖:一砖定关城,即使城毁楼塌,砖也不会移动;不信你试试,看能不能动它丝毫!"官员命亲随登楼搬移,用尽平生力气,青砖安然未动，人倒是因为力尽筋疲，摔落楼下，一命呜呼。官员无计可施，两眼发直，杀气顿失。

光阴数百载，青砖依旧在。其实，风怎么可能把青砖吹上檐台！虽然安西号称为"世界风库"，一年一场风，从春刮到冬，风神如发怒，沙石蔽天空；但嘉峪关同安西远隔百里，狂风再施威，到达时也已势微力弱；砖块就算真被吹上檐台吧，也不可能黏结得那么紧。这里只可以说明人民才高智足，不止故事编得巧妙，且歌颂了劳动群众，鞭挞了贪官污吏，只多出一块砖，这设计就很了不起！因为任何设想，都不可能同实际绝对一致，要不，还用得着以实践来检验真理发展真理么？

面对关楼，我对建筑师和众多工人满怀敬意，为祖国安宁，人民免遭外寇伤害，他们不辞劳苦，修关筑城。不错，嘉峪关确实称得上"天下第一雄关"，可是世上有哪一个关隘，比我中华儿女更雄伟、威武！千百年来，华夏不被侵略者所占，不被野心家所吞，不正是因为我们有千千万万英雄好汉，甘愿为国捐躯，为民献力么？人民，才真正是万里长城，巍巍雄关！

嘉峪关，地势险峻，关楼雄伟威严，兴建时间较早。作者在这篇散文中既讲故事、谈传说，又引证史料，展现了"天下第一雄关"——嘉峪关的巍巍雄姿。

1. 天下第一雄关在我国历史上有何作用？

2. 从"燕鸣"的故事，引证《资治通鉴》，"定城砖"的传说来谈一谈作者的写作意图。

3. 作者由"巍巍雄关"写到人，突出的主旨是什么？

蓬莱歌吟

◆左 夫

> 隐没在树丛云团里的十多座庙祠殿亭中,最著名的叫蓬莱阁,它是丹崖山的灵魂,被世人誉为天下第一楼,同滕王阁、黄鹤楼、岳阳楼齐名。

"山不在高,有仙则名。"丹崖山真的不高,不论你远眺近望,抑或与周边对比,它都是小山一座。丹崖山最奇雄的东侧,即临渤海、黄海交汇处,赫然耸立的黑褐色绝壁,也只有百余尺,然后山崖便向它依托的胶东大地缓缓而下,化作一马平川。

丹崖山,之所以名闻遐迩,全在一个"仙"字。隐没在树丛云团里的十多座庙祠殿亭中,最著名的叫蓬莱阁,它是丹崖山的灵魂,被世人誉为"天下第一楼",同滕王阁、黄鹤楼、岳阳楼齐名。

此楼故事多多,名气大着哩。八仙过海的传说,海市蜃楼的幻景,描绘了一个个令人向往的神仙世界;秦始皇汉武帝东巡求仙寻药,演绎出一幕幕沧桑历史。于是,蓬莱仙境,虚幻中透露几丝灵光,肃穆中显出几许恢弘。

海风略带咸潮气息,穿过细雨薄雾和花木,拂人衣襟。青石板铺成的山径,一级一级向上。一步一台阶,如同翻阅一页页史书,回归远古,清晰、自然。

登上蓬莱阁,倚栏观海,但见水天一线,渺渺溟溟。丹崖峭壁如刀削般直插海里,溅起层层拍岸惊涛。浓雾不散,锁住崖腰,好像要把蓬莱阁托举到天上去。鸥鸣不时传来,当地人说,这预示台风将至,因此渔船几乎全泊进港湾。现在不是捕鱼季节,少了人间烟火,大海更是茫茫,但前方长山列岛,仍留视野中,忽沉忽浮,像巡弋着的巨大舰队。

云移浪卷,令人生出一种轻飘飘的感觉,一种飞翔的欲望。于不经意中,我伸展双手,揽云抱雾,眼睛微合,神驰意迷,真有点儿"留一半清醒留一半醉"了。

蓬莱阁为宋嘉佑六年登州守备朱处约所建,双层木结构,重檐耸脊,雕梁画栋,环阁16根大红楹柱,极显皇家建筑气派。正门上方的巨匾,字体浑厚,为清代书法家铁保手迹,乃珍贵的墨宝。阁内摆放八仙桌、八仙椅,我仿众游人,坐在八仙椅上,静心养神,沾点仙气,图个吉利。八仙醉酒彩塑立于阁楼中央,神态各异,铁拐李的酒葫芦,张果老的毛驴,曹国舅的扇子,还有竹筏和木舟……一个神仙群体,能在人间广为流布,表达了人们惩恶扬善的心愿。阁墙上还悬挂着叶剑英、董必武等老一辈革命家的诗词手迹,为这一古建筑增添了光辉。

蓬莱阁两侧各有偏房、小耳房对称分布。西耳房嵌有蓬莱十景刻石，为清代之物；西偏房存有历史碑刻十余块，具有很高的史学书法价值。

好山好水造就了蓬莱仙境，而丰厚的文化底蕴又为这美的极致平添了几分叫人陶醉的内涵。苏东坡50岁那年，由黄州调任登州知军州事。在任上虽只有短短五日，却向朝廷上禀了《乞罢登莱榷盐状》奏折。清代的《盐政碑记》中记载："有宋时，苏文忠公，莅任五日即上榷盐书，为民图休息，士人至今祀之，盖非以文章祀，实以治绩也。"登莱百姓为此在蓬莱阁附近修建了苏公祠，因而流传着"五日登州府，千年苏公祠"的佳话。祠内有历代刻石20余方，如苏轼《海市诗》、《望海》及清代书法家翁方纲临《海市诗》楷书刻石。值得一提的是，如今祠内的苏东坡肖像画，还是拓于广州六榕寺的，苏东坡一身海南黎族人打扮，让我这个在海南岛生活多年的人颇感亲切。

脚下的登山路，同时又是血腥的古战场。低头登山，仰面观景，俯仰之间，有多少人生话题和哲学值得我们思考。

登州水城与蓬莱阁连成一体，是上蓬莱阁的必由之路，它是我国最早、最完整的军港。宋庆历二年，这片水域建起了刀鱼寨，明洪武九年又在刀鱼寨的基础上修建了这座水城，现在仍保留着完好的水门、防浪堤、平浪台、码头、灯塔、城墙、炮台等。

登州水城又与戚继光的名字连在一起。明代著名民族英雄、将帅诗人戚继光是蓬莱人，他博览群书，著述颇丰。他的《纪效新书》和《练兵实纪》为我国古代十大兵书中的两部，在军事思想上占有重要地位。他的诗文集《止止堂集》，多反映戎马生涯，抒发抑愤之情，自具一格。同行的一位诗人，情不自禁吟起了戚继光的《江楼》：

半溪晴日衔疏柳，无数秋山入小楼。
谁伴主人一潇洒，滩边钓石石边鸥。

诗句酣畅淋漓，大家感叹不已。

戚继光一生守疆土，抗倭寇，在登州水城弘扬了中华民族不可侮的正气歌，他和他的"戚家军"一道万古流芳。

从丹崖山回到喧闹的城市，身上那一点儿沾来的仙气，也许是消失了，但那股民族正气，却依然像蓬莱阁下的波涛不停地涌荡在我的心头。

 心灵体验　　本文摆脱了那种登山临水之后借山水来抒发个人情感的僵化模式，而是借与山水相关的历史人物与历史事件来抒发对爱国爱民的"正气"的深沉歌咏。文章写得含蓄而饱满,情感充沛而真挚,文字简练而优美,构思新颖而巧妙,不失为一篇上佳的记游之作。

1.请你谈谈对"山不在高,有仙则名"这句话的理解?你认为蓬莱阁有哪些吸引你的地方?试着写出来。

2.文中有大量的对蓬莱阁历史的回忆,你认为这对文章主题的表达有何作用?

湖 光 塔 影

◆宗 璞

> 湖中心有一个绿色的小岛,望去树木葱茏,山石叠翠。岛东有一条白色的石船,永恒地停在那里。

从燕园离去的人,难免沾染些泉石烟霞的癖好。清晨在翠竹下读书,黄昏在杨柳岸边散步,习惯了,自然觉得燕园的朝朝暮暮,和那一木一石融在一起,难以分开。在诸般景色中,最容易萦绕于人们思念的,大概是那湖光塔影的画面了。但若真把这幅画面落在纸上,究竟该怎样着笔,我却想不出。

小时候,常在湖边行走。只觉得这湖水真绿,绿得和岸边丛生的草木差不多,简直分不出草和水、水和草来;又觉得这湖真大,比清华的荷花池大多了。要不然怎么一个叫池,一个叫湖呢。对面湖岸看来不远,但可要走一会儿,不像荷花池一跑便是一圈。湖中心有一个绿色的小岛,望去树木葱茏,山石叠翠。岛东有一条白色的石船,永恒地停在那里。虽然很近,我却从未到过岛上。只在岸边看着鱼儿向岛游去,水面上形成一行行整齐的波纹。"鱼儿排队!"我想。在梦中,我便也加入鱼儿的队伍,去探索小岛的秘密。

一晃过了几十年。这里经过了多少惊涛骇浪。我在经历了人世酸辛之余,也已踏遍燕园的每一个角落,领略了花晨月夕,四时风光。未名湖,湖光依旧。那塔,应该是未名塔了,但却从没有人这样叫它。它矗立在湖边,塔影俨然。它本是实用的水塔,建造时注意到为湖山生色,仿佛照了通州十三层宝塔的式样。关于通州塔,有许多优美的传说故事,而这未名塔最让人难忘的,只是它投在湖水上的影子。晴天时，岸上的塔直指青天，水中的塔深延湖底，湖水一片碧绿，湖影在湖光中，檐角的小兽清晰可辨。阴雨时，黯云压着岸上的塔，水中的塔也似乎伸展不开，雨珠儿在湖面上跳落，泛起一层水气，塔影摇曳了，散开了，一会儿又聚在一起，给人一种迷惘的感觉。雾起时，湖、塔都笼罩着一层层轻纱。雪落时，远近都覆盖着从未剪裁过的白绒毡。

月夜在湖上别有一番情调。湖西岸有一座筑有钟亭的小山，山侧有树木、草地和一条小路。月光在这儿，多少有些局促。循小路转过山角，眼前忽然一亮，只见月色照得一片通明，水面似乎比白天宽阔了许多，水波载着月光不知流向何方。但那些北岸树丛中的灯火，很快显示了湖岸的线条，透露了未名湖的秀雅风致。行近岸边，长长的柳丝摇曳着月色湖光。水的银光下是挺拔的塔影，天的银光下是挺拔的塔身。湖中心的小岛蓊蓊郁郁，显得既缥缈又实在。这地面上留住的月光和湖面上的不同。湖面上的闪烁如跃，如同乐曲中轻盈的拨弦；地面上的迷茫空灵，却似水墨画中不十分均匀的笔触。

循路东行到一座小石桥边，向右折去，是一潭与未名湖相通的水。水面不大，三面山坡，显得池水很深。山坡上树木茂密，水边石草杂置。月光从树中照进幽塘，水中反射出冷冷的光，真觉得此时应有一只白鹤从水上掠过，好为那"寒塘渡鹤影，冷月葬诗魂"的诗句作出图解。

冷月有知，当能告诉我们从建园起这里发生的各种悲剧。鹤影诗魂，难逃封建统治的魔掌。更不用说这湖山中渗透的民脂民膏，埋葬着的累累白骨了。这园初建于乾隆年间，原名淑春园，是当时军机大臣、一等公、权臣和珅的私产。"芳园筑向帝城西"，那时颇有些达官贵人在这一带经营园囿。燕园北部的镜春、朗润、鸣鹤造园，都是私人园林，现已融入燕园，成为一体。园外的蔚秀、承泽两园还自成格局。园内西南部的勺园，20世纪50年代初还有这地名，我还到过其中的亭榭，只不知是否米家旧物了。1952年院系调整，北京大学迁至燕园后不久，在那一带拆除了旧屋，造起了校医院。校医院西北有一大片稻田，据说也是勺园旧址。初夏满眼新绿，仲秋一片金黄，很有天然野趣。现正在这里修建留学生楼，以接纳外国学子。

然而切莫忘记，封建制度以后我们还经历了半殖民地时代。从那幽塘边向上行，到了千百竿翠竹掩映的临湖轩，那便是当初燕京大学的神经中枢了。到此时已不必仰仗月儿，亲身经历过的大有人在。燕大于1926年从城内迁此。同年，在抗议北洋军阀卖国行径的游行中，便有燕大学生惨遭杀害。20世纪30年代中，多少满怀革命理想的青年，离开湖光塔影奔向延安；20世纪40年代中的动荡、忧虑、苦痛和欢喜的岁月，虽然没有给这里的景物留下痕迹，却写下了中国人民的丰功伟绩。从圆明园废墟搬来的各种精美雕刻，西门内的华表，办公楼前的麒麟，永志着侵略的大火。还有那20世纪60年代的深重灾难——不必提了。我们的祖国毕竟结束了贫弱、愚昧的日子，向富强的道路做出了准备动作——这一切，得来是多么不容易啊！经过各种凄风苦雨的湖光塔影，今天应该为祖国的富强作出新的见证了。

又是清晨的散步。想是因为太早，湖畔阒寂无人，只有知了已开始一天的喧闹。我在小山与湖水之间徐行，忽然想起，这山上有埃德加·斯诺先生的遗骨，我此时并不是一个人在这里。斯诺墓已经成为未名湖畔的一个名胜古迹了。简朴的墓碑上刻着"中国人民的美国朋友"的字样。这墓地据说原是花神庙的遗址。湖边上，正在墓的迎面，有一座红色的、砖石筑成的旧庙门，想是原来的庙门了。我想，中国的花神会好好照看我们的朋友。而朋友这个名词所表现的深厚情谊正是我们和全世界人民关系的内涵。

站在红门下向湖中的岛眺望，那白石船仍静静地停泊在原处，树木只管各自绿着。但这几年，在那浓绿中，有一个半球状的铁网样的东西赫然摆在那里，仰面向着天空。那是一架射电天文望远镜，用来接收其他星体的电波。有的朋友认为它破坏了自然的景致，我却觉得它在湖光塔影之间，显示出人类智慧的光辉。儿时的梦在我眼前浮起，我要探索的小岛的奥秘，早已由这架望远镜向宇宙公开了。

沉思了片刻，未名塔的背后已是一片朝霞。平日到这时分，湖边的人会渐渐多起来。有人跑步，有人读书，整个湖上充满了活泼的生意。这时却只有两个八岁的学生在我旁边。也见他们不知从何时起，坐在岸石上，聚精会神地观察水里的鱼。我想起现在已经放暑假了，孩子才有时间清早在水边流连。

"看！鱼！鱼排队。"他们高兴地大叫大嚷，一面指着水面上整齐的一行行波纹，波纹正向小岛行去。

"骑鱼探险去吧？"我不由得笑问。

"你怎么知道？"他们冲我眨眼睛，又赶快去盯住大鱼。我不只知道这个，还知道这小岛早已不在话下，他们的梦，应该是探索宇宙的奥秘了。

我怕打扰他们，便走开了。信步来到大图书馆前。这图书馆真有北京大学的气派。四层楼顶周围镶嵌的绿琉璃瓦在朝阳的光辉里闪闪发亮，正门外有两大片草地，如同两潭清浅的池水。凸出的门廊阶下两长排美人蕉正在开放，美人蕉后是木槿树，雪青、洁白的花朵缀在枝头。馆门上高悬"北京大学图书馆"七个挺秀的大字。这里藏书320万册，有2000左右座位，还是终日座无虚席。平时，每天清晨，总有许多人在门前等候。有几次，这些年轻人别出心裁，各自放下装得鼓鼓的书包，由书包排成了长长队伍。书包虽不像鱼儿会游泳，但却引导人们在知识的活水中得到营养，一步步攀登高峰。这些年轻人中的一部分已经奔向祖国的四面八方，用学得的知识从事建设了。今后,还会有更多的年轻人来这里学习,汲取知识的活水。

　　这时,我虽不在未名湖畔,却想出了一幅湖光塔影图。湖光、塔影,怎样画都是美的,但不要忘记在湖边大石上画出一个鼓鼓的半旧的帆布书包,书包下压着一纸我们伟大祖国的色彩绚丽的地图。

　　宗璞的文字,明朗而又含蓄,流畅而有余韵,在细腻之中,注意音律参差,读来琅琅上口,又饱含深情,充分展现了作者驾驭语言的精湛技巧。

　　1.借景抒情是本文的一大特色,请谈谈本文是如何表现这一特色的?哪些地方表现了这一特色?

　　2.宗璞的文章给你描绘了一个怎样的燕园?它让你产生了向往之情吗?

　　3.你还读过其他关于未名湖或者燕园的文章吗?不妨找来和这篇文章对照着读读。

天 安 门 前

◆沈从文

　　天安门前大路上,成串骆驼迈着大方步过路,这种古色古香的、同时也是暮气沉沉的时代,已经完全结束了。

　　近几年来,我因工作关系,无论风晴雨雪,每天早晨、晚间都得进出天安门几次。可是试想拿起笔来写写天安门,倒不知从何说起了。

　　三十年前到北京来观光的人,在城郊各处都常有机会看见成串的骆驼队伍,从容不迫地在灰尘扑扑的道路上前进。每只骆驼背上必驮载两大袋杂粮或煤块。末尾照例还有只小骆驼押队,颈脖下悬个筒子形大铁铃,走动时当当地响。这些铃铛大致是世代相传,经历了许多年月风霜,声音有些已经哑沙沙的了。若机会凑巧,还可以看到一种用两只骆驼组成的驼轿,一前一后斜斜地排着,抬着个大木轿笼,摇摇晃晃地走着,它也许正从蒙古、热河长途远道前来,恰好停顿在城外一个店铺前边。那店铺门口屋檐前挂有一块"某某镖局"的招牌。原来《七侠五义》、《小五义》中提起的镖客,还有人在继承事业,又还有主顾上门求教。这个古老城市里,当时就还留下许多这类古老社会的标本。有的属于两百年前的,有的属于七八百年前的。骆驼队本来是沙漠中的舰队,在市中心的天安门前出现时,就更加显得这个城市的古老。当时北京电车开行还不多久,若遇骆驼队伍横贯马路时,电车司机照规矩还得暂时停车,等待一会儿,像是人人都得承认这是 800 年前北京建都以来的成员,对待它们应当表示一点客气或尊重。

在天安门前的,还有青年学生、工人、市民,在这里举行示威游行前的集会。"五四"、"三一八"、"五卅"、"九一八"……除了这些大的登报上书的集会以外,还经常有小规模的,每次虽然不过两三千人,或七八百人,已使得旧军阀官僚感到心疼心烦不好办。因此天安门前有一时曾经各处都种满了白丁香和黄刺玫,不知道的还以为军阀官僚在美化旧都,事实上原来只是有意把广场面积缩小,消极防止爱国青年的示威活动。

三十年来,北京城经历过了许多重大事变,终于解放了。天安门成了人民争取持久和平的象征,共同努力走向幸福美好生活的象征。每逢节日,几十万群众集会游行已成平常事情。时代不同了,骆驼队伍再不容易在这里出现了。现在什么人想看看这神气庄严、体魄壮伟、耐劳负重的生物,大致得到南口居庸关一带,才有机会偶然碰上。至于住在北京市的小朋友们呢,只有到动物园或地志博物馆去,才有希望知道真正的骆驼究竟是什么样子,并且明白成串骆驼由长城外来到北京的种种情形。北京动物园如今若还没有骆驼的位置,我建议不妨加入两三只,并且把它们祖先两千年前就经常载运了各种重要物资,横贯西北大沙漠,对于沟通中原和西域各民族关系,以及在中西文化交通史方面所作的伟大贡献,和两千年来在华北一般交通运输中所起的重要作用,加以适当的说明。更好的自然是将来地志博物馆陈列中表现城乡关系时,能够把三十年前成串骆驼在暮色沉沉时通过天安门前的景象和解放后几十万群众在这里看五色焰火上冲霄汉、歌舞狂欢的景象,作一个显明对比,可见出两个时代,两种社会,如何截然不同。

天安门前大路上,成串骆驼迈着大方步过路,这种古色古香的、同时也是暮气沉沉时代,已经完全结束了。代表今天、象征明天的各种新事物,却在不断出现。天安门大白石桥、石狮子前边,我们经常都可发现一群群四五岁的小朋友,两颊红嘟嘟的,双双拉着手排队上公园去,随着阿姨的指点,一齐暂时停下来欣赏面前那个高大的天安门楼,欣赏毛主席 6 年前站到那上面向中国人民、向全世界宣布"中国人民站起来了"的那个地方。这个庄严壮丽的大门楼背后，正衬着一片透蓝的天空，一群白鸽子像银星点子一样，在这个蓝空天幕下绕着门楼回旋飞翔。回过头向南边望望，人民英雄纪念碑大棚架已经撤去，全部工程过不久就要完成了。要使得这个纪念碑更加庄严好看一些，扩大四周空地，更新的待施工的建筑群蓝图，应当已经在准备中。

前一代的流血牺牲，为这一代青年学习和工作开辟了无限广阔平坦的道路，这一代的勤劳辛苦，又正在为幼小一代创造更加幸福美好的环境，全中国人民——老年、壮年、青年和儿童，就活在这么一个新的社会中。革命纪念碑全部落成后，夏天黄昏时节，会经常有各种音乐团体，来在纪念碑前边石台上，向市民举行公开演奏会；在这里我们不仅可听到热情优美的民间音乐，还有希望可听到世界各国伟大作曲家最健康悦耳的音乐。到三个五年计划完成时，天安门前的广场，可能已经完全改变了样子，所有看台都用汉白玉石作得整整齐齐，纪念碑附近已展开极宽，四周六七层高的新建筑群，也大部分用汉白玉装饰，作得十分华美。这里是革命博物馆，那里是祖国自然资源馆，第三是民族文化馆，第四是工业建设馆，第五是……到晚上，这些大型建筑物里边，都光亮得和大白天一般，有万千游人进出。纪念碑前却有了20丈大的巨型新式银幕，用新的电视方法，放映国家歌舞剧院正在上演的音乐舞蹈节目，免费供给3万市民群众欣赏。也还会看见成串骆驼，正在慢慢地从天安门前边走过，而且押队那支小骆驼，颈脖下那个铃铛，依旧当当地响着，把多数人暂时都吸引到半世纪前北京旧风景画中去。原来这是历史博物馆工作组在用电视教育回述天安门前的种种历史！

心灵体验

以天安门为题材的文章颇多，但沈从文的这一篇却独具特色，作者以丰富的历史掌故、清淡的文笔和丰富的联想吸引着读者。读了这篇《天安门前》后，你不仅能回到历史中的天安门，而且还能进入现实中的天安门；不仅回溯了旧天安门，还展望了新天安门。

放飞思维

1.文中写了大量与骆驼有关的文字，这与文章的主题有关系吗？作者这样写是好还是不好？如果好，又好在哪里？

2.作者在文中是怎样用最短的篇幅、最简洁的文字写出了天安门前跨越时间并不短的历史的？这对你的写作有什么启发？

窑 洞 今 昔

◆史中兴

> 窑洞背靠山岭,深藏土中,与土地结合最深,
> 关系最亲,呼吸连着呼吸。

凤凰山、王家坪、杨家岭、枣园,毛泽东和他的战友当年居住的那一排排窑洞,穿过岁月的烟尘,仍在显示它经久不衰的魅力。

跟在人群后面,我的脚步在这一排排窑洞里走走停停,不断地顾盼流连。不像参观帝王宫殿、达官贵人府邸,眼花缭乱的楹联匾额、豪华的功用专门的客堂、议事厅、书斋、卧房、餐室,处处令人产生常人不可企及的距离感。这里就像走进普通寻常人家。虽然这已不是老乡住的土窑,由砖石加固过,窑壁经过石灰粉刷,但窑洞里的简陋则一目了然,一桌一椅一床,还有一部手摇电话(这是运筹帷幄指挥调度千军万马所必不可少的),总共十几米方圆,无遮无挡,一览无余。它像一面镜子,映着主人的起居作息、风貌神采。窑洞陈设大同中又有些小的变化。毛泽东在王家坪的窑洞,土炕上加了张木床,既得炕的暖热,又不改南方人卧床的习惯。甚至还挂上一顶称得上奢侈品的帐子,那是前方将士送给他的战利品。朱德则把办公桌搬到靠窗的土炕上,办公时还能晒晒太阳。所有的窑洞都没有卫生设施,主人是怎么方便的呢?临时加一只便桶,或是到室外去用厕,如若是后者,雪花飘飘的寒冬腊月是很不好受用的。

窑洞背靠山岭,深藏土中,与土地结合最深,关系最亲,呼吸连着呼吸。厚重的黄土地,历尽沧桑,贫瘠荒凉,被丘陵沟壑切割得支离破碎,就像母亲脸上纵横交错的皱纹,烙印着苦难艰辛,依然不改宽广博大的胸怀。她倾其所有,以无尽的爱,接纳着养育着支撑着这一排排窑洞。毛泽东在这些窑洞前后住了10年,他一定从窑洞得到许多灵感。这是他生命力勃发、思如泉涌的时期。《实践论》、《矛盾论》等相当一部分重要著作都是在窑洞里的油灯下写就的。在窑洞里,他和白求恩大夫像朋友一样地促膝长谈。在窑洞门前的石凳上,他以人民为本,对美国记者斯特朗道出一切反动派都不过是外强中干的纸老虎。竖在窑洞前镜框里的一幅照片尤其感人。那是毛泽东和他的儿子毛岸英的合影。岸英从苏联学成归来,毛泽东不是让他去当什么官,而是要他再上一所新的大学,到基层到劳动人民中间去学习。陕北的土地、人民在这位领袖心目中占有何等重要的位置,毛泽东把自己看成土地的儿子、人民的儿子。

延安当年被称为革命圣地，这不是那种令人敬畏让人顶礼膜拜的神圣，毛泽东在这里也不曾被视为凛然不可侵犯的神明。延安人告诉我这样一个流传甚广的故事：1941年夏天，陕甘宁边区政府在延安南关礼堂开会，突然狂风骤起，雷电交加，随着一声巨响，坐在会场的延川县代县长被击中，不幸死亡。延安顿时议论纷起，有位老乡竟在街头出言不逊："咋不把毛泽东劈死哩。"正打算拘留他，毛泽东知道了加以制止，并派人到民间去寻根究底。得知骂声源出于当地人民负担太重，公粮连年增加无法承受。毛泽东毅然决定大幅度压缩公粮。中央机关和数万官兵面对敌人封锁如何生存？自己动手，丰衣足食，一场轰轰烈烈的大生产运动开展起来。事情自然不会这么简单，但这个故事在民间流传已经说明了一切，延安能够成为新中国的摇篮，这绝不是偶然的。

人去窑空。迈上新的征程的毛泽东无暇回眸，他进了北京以后，多次出巡东西南北中，但不曾回过延安，不曾再看一眼这里的窑洞。

窑洞早已完成自己的使命退出舞台。历史又翻开了新一章。高楼大厦正在我们这块土地上成片成片地拔地而起，但是无论达到怎样新的高度，它也要立足于坚实的土地，这是不会变也不能变的。

心灵体验　　作者通过对比，介绍了今天供人参观的昔日却是领袖们住房的窑洞，写出了窑洞在中国历史上曾经起过的作用，从而让人们更多地了解毛泽东、中国革命事业与人民群众的关系。

放飞思维　　1. 文中写一句骂声引发了一场轰轰烈烈的大生产运动的故事，说明了什么问题？

2. 文章最后，作者从拔地而起的高楼大厦引出"立足于坚实的土地"的议论，这个"坚实的土地"喻指什么？

小院正清秋

◆忆明珠

小院内不乏常青的树木，但好像都收敛着它们的青枝绿叶不使扩张，而将更大的空间让予秋来管领。这树木，也在秋的洗礼中，变得更秀拔，更精神了。

小院的中心部位，是一个池塘。环池三面罗列着花厅、水榭、楼、曲槛、回廊等建筑物；另一面耸立着座湖石山子。据说这山子出自清初一位著名叠山艺术家之手。山石从水池边参差层叠而起。不知名的攀援植物绕到山石最高处，又将它抽不尽的长蔓，从空中抛落；蔓叶对生作橙黄色，如一只只蝴蝶，循蔓栖息成串，直垂向水面。这里是苍山洱海间的蝴蝶泉吗？不，这里是烟花扬州的一处古典园林。那藤蔓的叶，因经过了霜色的渲染，才变成了蝴蝶的金翼的。扬州这个古老的城市，历史上曾以园林称雄。尤多与住宅相结合的小型园林，至今多少有遗迹可寻者在市区范围内尚不下几十处。从大街折入小巷，左拐一个弯，右转一个角，陌生人已经不辨东西南北；忽见迎面一堵砖墙，半架青藤，或紫薇，或丹桂、腊梅，露出墙头，这是小巷尽处，似已无路可走。"吱哟"一声，墙侧旁一小门从内拉开，主人听到墙外人语，出门迎客了。门小，仅可容身，进入后才发现别有洞天。主人会告诉你，当年这里是某某诗人，或画家，或高官，或什么才女、名媛的书斋、住家，甚至见之于《扬州画舫录》那类文籍的记载哩！至于院中那株古树，可能已够得上称为文物，在某个朝代曾被焚于兵火，又于多少年后，忽然返魂复苏了。我现在所观光的是这类住宅园林中规模较大的一处。建筑物外观并不华丽，木结构皆作本色，似未经油漆，但雕饰上极下功夫。我从小楼上向外寻望，首先被窗上的花棂吸引住了。这里是一排隔扇式的长窗，每扇窗两旁边框接成缠枝花纹；横档镂成云头纹、绶带纹，间以图案化了的篆书"寿"字，"喜"字；边框与横档之间留出了等距排列着的八角长方空格。在四周花棂的小空隙中嵌出这八角长方的大空隙，觉得更有透明感。我一向讨厌"寿"、"喜"这类吉利字眼，其实也是迂腐之见。"寿"，不就是我们现在所常说的"身体健康"吗？"喜"，不也近似我们现在所常说的"精神愉快"吗？病歪歪的，当不上"寿星"；愁眉苦脸，又"喜"从何来？何况作为镂空的花棂，"寿"、"喜"等字样反正同体，无论室外看，室内看，都不会把字看反。再者，它的笔画多，构得成繁复的间架，漏出较多的空隙。而多一个空隙，便多一处光斑、亮点，多一处清虚和明净。

现在我面前正展开了一排落地长窗的花楗。从这花楗中又看到院中池边花厅的花桥，水榭的花楗，曲槛的花楗，回廊的花楗……透迤折叠，宛转回环；空隙中透过空隙，光亮中透过光亮，明净中透过明净，清虚中透过清虚。我是置身在神仙的水晶宫阙里吗？似乎有点寒意了！走下小楼，踏着鹅卵石铺砌的甬路，独自徘徊池边。生在路边的书带草，细细的长叶如幽兰般披散，湖石间的秋菊，浅紫淡黄，横斜侧欹，各呈妙姿。叠山那边竹影姗姗，不知黄昏时，可有舒着翠袖的人儿伴慰它的寂寞否？连芭蕉都消瘦了。小院内不乏常青的树木，但好像都收敛着它们的青枝绿叶不使扩张，而将更大的空间让予秋来管领。这树木，也在秋的洗礼中，变得更秀拔，更精神了。秋风起兮白云飞，草木黄落兮雁南归。秋是有点儿凄清的。然而我爱这有点儿凄清的美丽。"草木黄落"，季节使然；新陈代谢，才得以生机勃发。抖落纠缠着枝头不放的重重枯叶，岂不如释重负，树木会比以前更加"身体健康"而"精神愉快"的。我不由欣慰地仰望着院中最高的两棵古树，它们全已脱尽枯叶，但留下如水墨画出的枝柯，鹿角般互相交叉着上擎，孔隙高张如网，兜八面来风，并透露出枝柯向遥远的背景———片无垠的蔚蓝。而当我一低首间，这片蔚蓝忽然旋转向池塘水底最深处，花厅、水榭、槛、廊、山、石、花、木，连同一重重花楗、空隙，一重重光亮、明净、清虚，交织的色彩、动荡的线条……全都倒映于这片蔚蓝之上。哦，我明白了。为什么在小院的中心部分要凿出这个似乎但占场地无实用的池塘。原来如同仙人的玉壶，装得进大千宇宙，这池塘的一片"凹晶"，正给小院贮来了"寥廓江天万里霜"啊！

 本文以细致的笔触描画了扬州的住宅园林，从庭院到池塘，从笔墨到字画，在作者有如国画的工笔画的描绘中，让读者感觉仿佛就有一座错落有致的扬州住宅园林立在眼前，不仅栩栩如生，而且别有情趣。

 1.本文是一篇带有说明文特色的游记散文，作者是怎样说明小院的布局的？
2.散文中哪些地方可以感受到园林的人文气息？

143

爱 晚 亭

◆谢冰莹

> 然而当我斜倚石栏,倾听枫声,睨视流水,回忆过去一切甜蜜而幸福的生活时,不觉又是"清泪斑斑襟上垂"了。

萧索的微风,吹动沙沙的树叶;潺潺的溪水,和着婉转的鸟声。这是一曲多么美的自然音乐啊!

枝头的鸣蝉,大概有点疲倦了? 不然,何以它们的声音这样断续而凄楚呢!

溪水总是这样穿过沙石,流过小草轻软地响着,它大概是日夜不停的吧?

翩翩的蝶儿已停止了它们的工作躺在丛丛的草间去了。惟有无数的蚊儿还在绕着树枝一去一来地乱飞。

浅蓝的云里映出从东方刚射出来的半边新月,她好似在凝视着我,睁着眼睛紧紧地盯望着我——望着在这溪水之前,绿树之下,爱晚亭旁之我——我的狂态。

我乘着风起时大声呼啸,有时也蓬头乱发地跳跃着。哦哦,多么有趣哟! 当我左手提着绸裙,右臂举起轻舞时,那一副天真娇憨而又惹人笑的狂态完全照在清澄的水里。于是我对着溪水中舞着的影儿笑了,她也笑了! 我笑得更厉害,她也越笑得起劲。于是我又望着她哭,她也皱着眉张开口向我哭。我真的流起泪来了,她也掉了泪。她的泪和我的泪竟一样多,一样地快慢掉在水里。

有时我跟着虾蟆跳,它跳入草里,我也跳入草里,它跳在石上蹲着,我也蹲在石的上面,可是它洞然一声跳进溪水里,我只得怅惘地痴望着它很自由地游行罢了。

更有时鸟唱歌,我也唱歌;但是我的嗓子干了,声音嘶了。它还在很得意很快活似的唱着。

最后,我这样用了左手撑持着全身,两眼斜视着衬在蔚蓝的云里的那几片白絮似的柔云,和向我微笑的淡月。

我望久了,眼帘中像有无限的针刺着一般,我倦极了,倒在绿茸茸的嫩草上悠悠地睡了。和煦的春风,婉转的鸟声,一阵阵地,一声声地竟送我入了沉睡之乡。

梦中看见了两年前死去的祖母,和去腊刚亡的两个表弟妹。祖母很和蔼地在微笑着抱住我亲吻,弟妹则牵着我的衣要求我讲《红毛野人的故事》,我似醒非醒地在觉伤心,叹了一声深长的冷气。

清醒了,完全清醒了;打开眼睛,满眼春色,于是我又忘掉了刚才的梦。

然而当我斜倚石栏,倾听枫声,睨视流水,回忆过去一切甜蜜而幸福的生活时,不觉又是"清泪斑斑襟上垂"了。

但是,清风吹干了泪痕,散发罩住面庞的时候,我又抬起头来望着行云和流水,青山和飞鸟微微地苦笑了一声。

唉! 我愿以我这死灰,黯淡,枯燥,无聊的人生,换条欣欣向荣,生气蓬勃的新生命。

我愿以我这烦闷而急躁的心灵,变成和月姊那样恬淡,那样悠闲。

我愿所有的过去和未来的泪珠,都付之流水!

我愿将满腔的忧愤,诉之于春风!

我愿将凄切的悲歌,给予林间鸣鸟!

我愿以绵绵的情丝,挂之于树梢!

我愿以热烈的一颗赤心,浮之于太空!

我愿我所有的一切,都化归乌有,化归乌有啊!

淡淡的阳光,穿过丛密的树林,穿过天顶,渐渐地往西边的角上移去,归鸦掠过我的头顶,呜呀呜呀地叫了几声。蝉声也嘈杂起来,流水的声音似乎也洪大了,林间的晚风也开始了它们的工作,我忽而打了一个寒噤,觉得有些凉意了,站起来整理了衣裙,低头望望我坐着的青草,已被我踩蹋得烘热而稀软了。

"春风吹来,露珠润了之后,它该能恢复原状了吧?"我很悲伤地叹息着说。

我提起裙子,走下亭来,一个正在锄土的农夫,忽然伸了伸腰,回转头来目不转睛地望着我——直到我拐弯之后,他才收了视线。

爱晚亭,坐落在湖南长沙岳麓山。这篇散文是篇抒发少女情怀的作品,表现了作者年轻时的奔放。散文中作者写了许多景物,这些景物都明显地涂上鲜明的主观色彩,与作者的喜怒哀乐联系在一起。文章脉络清晰,先是感情的激荡,后是理智的思考。

1."我愿……"等八个排比句在文中有什么作用?表达了作者怎样的意向?

2. 作者之所以这样钟情于爱晚亭及其景物,是出于什么原因?

3.文末尾突然写到农夫,看似闲笔,实际上有什么作用?